Controle das Organizações Sociais

Paola Nery Ferrari
Regina Maria Macedo Nery Ferrari

Controle das Organizações Sociais

Prefácio
Romeu Felipe Bacellar Filho

Belo Horizonte

2007

© 2007 Editora Fórum Ltda.

É proibida a reprodução total ou parcial desta obra, por qualquer meio eletrônico, inclusive por processos xerográficos, sem autorização expressa do Editor.

Editora Fórum Ltda.
Av. Afonso Pena, 2.770 – 15º/16º andar
Funcionários – CEP 30130-007
Belo Horizonte – Minas Gerais
Tel.: (31) 2121.4900 / 2121.4949
www.editoraforum.com.br
editoraforum@editoraforum.com.br

Editor responsável: Luís Cláudio Rodrigues Ferreira
Revisor: Marcelo Belico
Bibliotecária: Leila Aparecida Anastácio – CRB 2809 – 6ª Região
Projeto gráfico: Walter Santos
Formatação e capa: Marcelo Belico

F375c   Ferrari, Paola Nery
        Controle das Organizações Sociais/ Paola Nery Ferrari; Regina Maria Macedo
    Nery Ferrari. Prefácio Romeu Felipe Bacellar Filho. Belo Horizonte: Fórum, 2007.

        170 p.
        ISBN 978-85-7700-052-4

        1. Direito público - Brasil. 2. Brasil. [Constituição (1988)]. 3. Administração
    Pública - Brasil. 4. Serviços públicos - Brasil. 5. Controle interno. 6. Controle
    externo. 7. Organizações sociais. 8. Terceiro Setor. I. Ferrari, Regina Maria
    Macedo Nery. II. Bacellar Filho, Romeu Felipe. III. Título.

                                                  CDD: 342.14
                                                  CDU: 342 (81)

Informação bibliográfica deste livro, conforme a NBR 6023:2002 da Associação Brasileira de Normas Técnicas (ABNT):

FERRARI, Paola Nery; FERRARI, Regina Maria Macedo Nery. *Controle das organizações sociais*. Belo Horizonte: Fórum, 2007. 170 p. ISBN 978-85-7700-052-4.

Ao Norberto,
Pai e Companheiro

Sumário

Prefácio 9

Apresentação 13

Capítulo 1
A supremacia constitucional e o Estado Democrático de Direito 15

Capítulo 2
A disciplina da prestação de serviço público 21
2.1   Sentido material e formal da constituição 21
2.2   O Estado Social de Direito, o Estado Liberal e o Estado Neoliberal 27
2.3   Estado Subsidiário 38

Capítulo 3
Noção de serviço público 43

Capítulo 4
A prestação de serviço público na Constituição brasileira 49

Capítulo 5
Organização administrativa 55

Capítulo 6
Organização Social 61
6.1   Conceito 61
6.2   Atividades desempenhadas 63
6.3   Qualificação 65
6.4   Contrato de gestão 68
6.4.1   Contratos de gestão com a Administração Pública 72
6.4.2   Contratos de gestão e as Organizações Sociais 74
6.4.3   Contratos de gestão e Termo de Parceria 77

Capítulo 7
Organizações da Sociedade Civil de Interesse Público 81

Capítulo 8
Controle da Administração Pública 87
8.1 Conceito de controle 87
8.2 Controle interno 89
8.3 Controle externo 94
8.3.1 Controle parlamentar da Administração Pública 95
8.4 O controle da Administração Pública pelo Tribunal de Contas 97
8.5 Controle jurisdicional da Administração Pública 102
8.5.1 *Habeas corpus* 107
8.5.2 Mandado de Segurança 108
8.5.2.1 Mandado de Segurança coletivo 113
8.5.3 Mandado de Injunção 114
8.5.4 Ação popular 117
8.5.5 *Habeas data* 119
8.5.6 Ação civil pública 121
8.6 Controle social 124

Capítulo 9
Controle das Organizações Sociais 131
9.1 Controle externo 135
9.2 Controle interno 145
9.3 Controle de resultado 150
9.4 Controle social 153

Conclusão 157

Referências 161

Índice 167

Prefácio

Revela-se impossível não experimentar uma emoção ao assentar as primeiras linhas do prefácio desta obra escrita em conjunto pelas professoras Paola e Regina Ferrari.

A primeira, Paola Nery Ferrari, jovem futurosa, segue com incrível velocidade, mas, em curso seguro, a luminosa trilha deixada por sua mãe e co-partícipe deste trabalho. Já disse em outra sede que a professora Regina Maria Macedo Nery Ferrari, consagrada constitucionalista paranaense, a exemplo da figura do semeador, representação paradigmática no Estado do Paraná, dos fomentadores de talentos é uma criatura meiga e emotiva que encanta ao primeiro bater de olhos. Paola, dotada de certo timbre portenho haurido de seu pai Norberto, à sua maneira, lhe segue os passos.

O tema "o controle das organizações sociais", segundo dito pelas autoras, foi escolhido a partir do trabalho monográfico apresentado como exigência para obtenção do título de especialista em Direito Administrativo, em curso ministrado pelo Instituto Romeu Felipe Bacellar, na cidade de Curitiba é, por todas as circunstâncias, instigante.

Com toda a certeza, o assunto, dos mais significativos, ainda não foi tratado com o aprofundamento necessário. Nosso ordenamento jurídico notadamente nos últimos anos tem importado do direito estrangeiro diversos institutos, alguns dos quais, pelas peculiaridades locais, enfrentam sérios problemas de adaptação. É o que tem ocorrido em relação às Organizações Sociais, mal alcunhadas, no meu entender, como entidades do Terceiro Setor. A existência dessas entidades configura uma espécie de potencialização da célebre frase dita por John Kennedy: "Não pergunte o que o Estado pode fazer por você; pergunte o que você pode fazer pelo Estado!"

De todo o modo, a submissão de qualquer entidade, notadamente aquelas incensadas pelo Poder Público, como é o caso das Organizações Sociais, ao regime jurídico administrativo, misto de prerrogativas e sujeições na feliz expressão cunhada por Jean Rivero, impende a afirmação de que controlar é preciso!

Foram multifárias e lamentáveis as ocasiões em que entidades dessa espécie se prestaram a objetivos escusos, circunstância a determinar toda a atenção na fiscalização de suas atividades. A presença de um Estado democrático e participativo manejando instrumentos de controle efetivamente atuantes atende às legítimas aspirações da sociedade. Com efeito, se em países como o Brasil, o Estado não deve ser o responsável direto por todas as atividades públicas, notadamente as de cunho social, não menos verdade que ao Estado não deve ser reconhecida a possibilidade de retirar-se do cenário e exercer a condição de mero coadjuvante. O princípio da subsidiariedade, difundido pela doutrina social da Igreja, citado como fundamento para o Estado mínimo, no meu entender é mais afeto ao Estado social do que ao Estado neoliberal, não tendo, portanto, o alcance pretendido por aqueles que defendem a participação mínima do Estado. A implementação deste princípio nos países chamados subdesenvolvidos, como bem alerta Tarso Cabral Violin em excelente passagem, nos remete à necessidade de um Estado interventor e prestador de serviços, uma vez que o "terceiro setor" e o mercado não são suficientes para garantir a emancipação do indivíduo, o fim das desigualdades, uma sociedade justa.

Tudo o que foi dito realça a importância do trabalho ora prefaciado. A fiscalização e o controle da Administração Pública em todas as suas esferas de atuação, como bem sustentado, se insere na essência do Estado de Direito e quando se pulveriza entre entidades que se caracterizam por sua natureza privada, traz, por conseqüência, a preocupação, até a exigência de que se estenda sobre elas um ingente controle.

A obra é timbrada seriedade dos argumentos e da pesquisa, coligindo com rara oportunidade o que há de mais importante acerca do importante tema. A exposição desapaixonada e interessante nos permite antever o sucesso em mais esta promoção da Editora Fórum, empresa que vem se notabilizando por oferecer oportunidade aos jovens e promissores autores em todos os recantos do país.

Romeu Felipe Bacellar Filho

Apresentação

A idéia de efetuarmos um estudo sobre "O controle das Organizações Sociais" surgiu a partir do trabalho monográfico apresentado como exigência estabelecida no programa de obtenção do título de especialista em Direito Administrativo no curso ministrado pelo Instituto Romeu Bacellar, na cidade de Curitiba.

O tema é dos mais importantes e ainda não foi tratado com o aprofundamento necessário. Não obstante, isto não significa que aqui se pretenda esgotar o assunto, apenas se almeja aguçar a curiosidade dos estudiosos sobre a sua complexidade, em um momento em que a existência do chamado Terceiro Setor é tida como imprescindível para que o Estado alcance sua finalidade de propiciar a realização do bem comum da população.

Efetivamente, a fiscalização e o controle da Administração Pública se inserem na essência do Estado de Direito e quando se pulveriza entre entidades que se caracterizam por sua natureza privada, traz, por conseqüência, a exigência de que se estenda sobre elas, sob pena de violação ao princípio da legalidade.

Portanto, nosso objeto de análise está a merecer atenção redobrada por parte dos estudiosos.

As autoras

Capítulo 1

A supremacia constitucional e o Estado Democrático de Direito

É no preâmbulo de uma constituição que se vê a expressão dos propósitos, a essência da declaração dos princípios que devem reger o sentido dos trabalhos da constituinte e da própria Lei Fundamental. Em que pese desprovido de natureza normativa, é nele que se estabelecem as diretivas, políticas, morais e filosóficas do regime constitucional escolhido.

Neste sentido, Hans Kelsen afirma que é no preâmbulo que se encontram expressas as idéias políticas, morais e religiosas que a constituição tende a promover. Geralmente, o preâmbulo não estipula normas definidas em relação com a conduta humana e, por conseqüência, carece de um conteúdo juridicamente importante. Tem um caráter antes ideológico que jurídico.[1]

Desta forma, embora não faça parte do texto da constituição e não contenha normas do tipo constitucional, além de refletir a opinião pública que lhe deu sustentação e o porquê da necessidade da existência da Lei Fundamental, dá o sentido das normas jurídicas e a orientação para sua interpretação e aplicação.

Jorge Miranda afirma, nesta seara, que o preâmbulo não pode ser invocado isoladamente, por não criar direitos e deveres, mas se "não é um conjunto de preceitos, é um conjunto de

---

[1] KELSEN. *Teoria general del Derecho y del Estado*, p. 309.

princípios que se projetam sobre os preceitos e sobre os restantes sectores do ordenamento".[2]

O preâmbulo da Constituição Federal do Brasil de 1988 assegura que o povo brasileiro, sob a proteção de Deus, representado e reunido em Assembléia Nacional Constituinte, quis instituir

> um Estado Democrático, destinado a assegurar o exercício dos direitos sociais e individuais, a liberdade, a segurança, o bem-estar, o desenvolvimento, a igualdade e a justiça como valores supremos de uma sociedade fraterna, pluralista e sem preconceitos, fundada na harmonia social e comprometida, na ordem interna e internacional, com a solução pacifica das controvérsias.[3]

José Afonso da Silva ressalta que ao declarar que deseja instituir *um* Estado Democrático, propugna que a finalidade não é adotar um Estado Democrático clássico, mas um Estado diferente, que possibilite assegurar a efetiva realização dos valores supremos de uma sociedade fraterna, pluralista e sem preconceitos, tendo a normatividade como essência e funcionando como fundamento de legitimação do Estado Democrático de Direito. Vale dizer, ao assegurar a participação efetiva dos cidadãos no processo político, estabelece que Estado e população devem estar submetidos às mesmas normas jurídicas, estabelecidas pelo poder emanado do povo.[4]

Se o previsto no preâmbulo não tem o mesmo caráter normativo das demais normas constitucionais e não pode servir de paradigma para a declaração de inconstitucionalidade, sintetiza os grandes fins da constituição e serve para dissipar obscuridades no trabalho interpretativo e dar rumo para as atividades políticas do governo.

---

[2] MIRANDA. *Manual de direito constitucional*, p. 211.
[3] BRASIL. *Constituição*, 1988.
[4] SILVA. *Comentários contextual à Constituição*, p. 23 et seq.; CORRÊA. *A Constituição de 1988*: contribuição crítica, p. 39.

CONTROLE DAS ORGANIZAÇÕES SOCIAIS | 17

Roberto Dromi pondera que se no plano do valor se conforma uma aspiração política, esta deve ser consagrada no plano normativo para garantir, no plano da realidade, sua execução. Deste modo, "o câmbio no direito é uma conseqüência do câmbio do Estado (...) As transformações do Estado motivam as transformações do direito. As transformações do novo direito se produzem nos valores (fins), por sua interpretação atualizada; e nas normas (meios), pela redefinição dos princípios jurídicos que fixam as novas regras da organização jurídica".[5]

A Constituição representa a consagração jurídica da ideologia política de uma comunidade, de tal modo que se o complexo normativo se afastar dos princípios constitucionais fixados, ela responde com indiferença por não encontrar identificação com o direito desejado, ou melhor: "o direito, compatibilizado com os fins da comunidade, recupera sua razão de ser e com ela se identifica".[6]

Neste sistema normativo a Constituição de um Estado é sua norma suprema, ou seja, fundamental, pois nela é que se deve buscar o fundamento de validade das demais normas existentes no ordenamento jurídico positivo, bem como, todo o cipoal de atividades a ser realizado pelos órgãos que exercem as funções estatais.

Hans Kelsen considerando a hierarquia que se verifica no ordenamento jurídico e o fato da Constituição representar seu fundamento de validade, afirma que dentro desta realidade "uma norma para ser válida é preciso que busque seu fundamento de validade em uma norma superior, e assim por diante, de tal forma que todas as normas cuja validade pode ser reconduzida a uma mesma norma fundamental formam um sistema de normas, uma ordem normativa".[7]

---

[5] DROMI. *Derecho Administrativo*, p. 21-24.
[6] DROMI. *Derecho Administrativo*, p. 21.
[7] KELSEN. *Teoria pura do direito*, p. 269.

Carlos Sanches Viamonte, reconhecendo a supremacia constitucional, explica que no Estado de Direito, organizado contemporaneamente,

> a ordem jurídica, considerada em sua totalidade, apresenta-se em forma de círculos concêntricos e que, em primeiro lugar e como círculo máximo, que circunscreve e compreende toda a vida jurídica da nação, encontra-se a Constituição, que traça a órbita de juridicidade dentro da qual deve conter-se o ordenamento jurídico.[8]

Esta superioridade constitucional é a mais eficaz garantia da liberdade e do respeito à dignidade do indivíduo, na medida em que obriga enquadrar todos os atos, do Estado e dos indivíduos, às regras prescritas na Constituição.

Portanto, quando se diz que no Estado Democrático de Direito, todos, inclusive o próprio Estado e seus agentes, estão submetidos à lei, significa que a Constituição e todo seu complexo normativo conseqüente, além de definir as atribuições do Poder, o submetem ao dever de sua sujeição. Porque "a Constituição não é uma teoria; nada mais prático que ela. É o povo, é a comunidade feita em lei, conforme sua circunstância e seu tempo".[9]

Nossa Constituição, como Lei Fundamental do Estado brasileiro, prevê a tripartição das funções do Estado, ao reconhecer que o poder estatal realiza funções de diferentes naturezas, impõe o seu exercício a órgãos diferenciados, que as exercem de modo a que um órgão controle o outro, para que nenhum deles possa se tornar absoluto. Isto tudo sem comprometer a harmonia e independência no desempenho de suas funções que, em nome da necessidade de melhor atender aos interesses do povo, as exercem em caráter típico e atípico.

Legislativo, Executivo e Judiciário têm como base a Constituição e dela não se podem apartar, sob pena de invalidade ou inconstitucionalidade de seus atos.

---

[8] SANCHES VIAMONTE. *Manual de Derecho Constitucional*, p. 92.
[9] DROMI. *Derecho Administrativo*, p. 81.

José Luiz de Anhaia Mello afirma que

não resta dúvida, também, que o desrespeito à norma constitucional importa, em qualquer hipótese, na violação e destruição do estado de coisas descrito e, inclusive, no atentado às prerrogativas de qualquer poder que o tenha praticado e cujas competências derivam da mesma Constituição.[10]

Porém, considerando a Constituição como norma jurídica, é preciso reconhecer que sua superioridade só estará assegurada em sistemas onde exista diferença entre as diversas espécies normativas, em decorrência da diversidade de regimes, pois quando o tratamento jurídico for igual para todas, não se pode falar em supremacia de uma frente a outra.

A superioridade das normas constitucionais decorre de seu processo de elaboração, o qual, além de especial, é mais solene do que o previsto para a elaboração das demais normas do sistema.

---

[10] MELLO. *Da separação de poderes à guarda da Constituição*, p. 61.

Capítulo 2

A disciplina da prestação de serviço público

Sumário: 2.1 Sentido material e formal da constituição – **2.2** O Estado Social de Direito, o Estado Liberal e o Estado Neoliberal – **2.3** Estado Subsidiário

Só se pode enfrentar o problema da constitucionalização dos princípios da Administração Pública e a disciplina da prestação de serviços públicos depois de considerar a diferença que é possível identificar entre o que se denomina de constituição em sentido formal e em sentido material.

2.1 Sentido material e formal da constituição

José Afonso da Silva ensina que a constituição em sentido material pode ser concebida dentro de uma acepção ampla, quando se identifica com a organização do Estado, com o regime político ou, em uma concepção estrita, que leva em consideração as normas, tanto escritas como costumeiras, inseridas ou não em um documento escrito, que regulam o Estado, a sua estrutura, a organização de seus órgãos e os direitos fundamentais.[11]

A partir de uma visão material rigorosa, constitucional é a norma que se refere a uma certa matéria, de modo que as normas que não tenham este conteúdo, em que pese integrarem um mesmo documento escrito, não podem ser consideradas como constitucionais.

Jorge Miranda, tendo em vista uma perspectiva material, considera a constituição a partir de seu objeto, de seu conteúdo,

---

[11] SILVA. *Curso de direito constitucional positivo*, 27. ed., p. 40-41.

de sua função. Porém, admite que, a mesma constituição, pode ser vista dentro de uma perspectiva formal, quando se atende à posição das normas constitucionais em face das demais normas do ordenamento e ao "modo como se articulam e se recortam no plano sistemático do ordenamento jurídico".[12]

Assim, quando se realiza raciocínio independentemente de seu conteúdo e se leva em consideração o modo peculiar de criação normativa, a forma solene com que é produzida, se está frente ao que se denomina de constituição em sentido formal, quando as normas constitucionais se diferenciam, das não constitucionais, por seu processo de elaboração, que é mais difícil do que o previsto para produção das demais normas do ordenamento jurídico, o que propicia identificar normas, destituídas de matéria constitucional, inseridas na constituição em sentido formal, para obter um especial tratamento e tutela.

José Horácio Meirelles Teixeira cita Garcia Pelayo para sopesar o caráter polêmico do vocábulo "Constituição" e afirma que tal característica advém do fato das constituições modernas atingirem realidades diferentes,

> isto é, com as diversas esferas da vida humana, objetivando a realidade sociológica (política, jurídica, econômica etc.), bem como valores filosóficos e religiosos, ora neles buscando raízes, ora procurando submetê-los ao império de suas normas. A diversidade dos *fundamentos* que lhe são atribuídos, dos *fins* visados, dos pontos de vista quanto à validez desses fins, ou quanto às técnicas consideradas mais aptas a alcançá-los — diversidade que também reflete as origens, condição social, o temperamento, a formação moral, os interesses ou a cultura de cada indivíduo —, produz, por sua vez, aquela diversidade de conceitos, que refletem o modo de ser historicamente concreto das Constituições, e daí, poder-se-ia falar em Constituição liberal, democrática, individualista, social, real, material, ideal, formal, socialista, reacionária, totalitária etc.[13]

---

[12] MIRANDA. *Manual de direito constitucional*, 1996, p. 10.
[13] TEIXEIRA. *Curso de direito constitucional*, p. 44-45.

Com este sentido Jorge Miranda postula que "de uma perspectiva material, a Constituição consiste no estatuto jurídico do Estado, ou, doutro prisma, no estatuto jurídico do político: estrutura o Estado e o Direito do Estado".[14]

Portanto, a Constituição atua como veículo para, assegurando o respeito aos valores essenciais de uma dada sociedade, determinar seu modo de ser, o que passa, necessariamente, pela idéia de legitimidade, o que não se confunde com juridicidade.

Ora a Constituição, na qualidade de norma suprema objetivada, existe a partir da idéia de poder, que não se embasa na força física, na violência, mas no consentimento de grande parte dos cidadãos a ele sujeitos.

Vale dizer,

Essas *normas* e *postulados* são *realidades* que, concebidas pela Razão, representadas e queridas pela Vontade, convertem-se em fatores determinantes de um certo modo de conduta. *Convicção, adesão, entusiasmo*, e não sentimento de temor, de medo, ou a simples violência, constituem, portanto, o *fundamento do poder político*.[15]

O sujeito, o titular desse poder, é o povo, considerado na sua unidade. É neste sentido que a atual Constituição brasileira proclama, no parágrafo único de seu art. 1º: "Todo poder emana do povo, que o exerce por meio de representantes eleitos ou diretamente, nos termos desta Constituição".[16]

Portanto, legítimo o poder, legítima será a Constituição. Porém, isto só não basta, porque o poder de criar a Constituição não necessita ser legítimo apenas quanto à origem, mas, também, quanto ao seu conteúdo, o que decorre de uma postura política-filosófica quanto aos fins do Estado e limites de sua atuação, para proporcionar o pleno desenvolvimento das potencialidades

---

[14] MIRANDA. *Manual de direito constitucional*, 1996, p. 10.
[15] TEIXEIRA. *Curso de direito constitucional*, p. 209-210.
[16] BRASIL. *Constituição*, art. 1º.

da pessoa humana, no que diz respeito a aspectos tanto matérias como espirituais.

Observa Luis Recaséns Siches, citado por José Horácio Meirelles Teixeira, que, abaixo do ordenamento jurídico vigente, existe uma realidade que o produz, mantém e o reelabora a todo o momento, sendo esta que legitima o conteúdo da Constituição.[17]

Neste sentido, Paulo Bonavides, ao tratar da "Teoria material da Constituição e a jurisprudência da Suprema Corte americana", afirma que:

> No espaço da Constituição formal, que logo se elastece, cabe toda uma Constituição material, feita de instituições vivas e dinâmicas, num processo de constante acomodação e reforço das realidades que sentidamente pesam sobre a Sociedade americana, compondo sua consciência nacional e exprimindo seus imperativos históricos de progresso, ordem, segurança e liberdade.[18]

As constituições em sentido material encerram sempre um certo programa de agir, visto que visam a realização de projetos próprios de regimes políticos. Logo, se o político se alarga, o fenômeno constitucional alarga-se forçosamente.

Toda Constituição encerra elementos orgânicos, quando se ocupam do estatuto do poder, dos órgãos que o exercem, da forma e sistema de governo, dos direitos fundamentais, além de elementos programáticos, na medida em que estabelecem programas, diretrizes, metas para a atividade do Estado.

Portanto, ao tratar da Constituição em sentido formal e material, ao que correspondem diferentes significados, não se considera conceitos isolados, mas, muito pelo contrário, de acepções interdependentes.

A Constituição brasileira de 1988, elaborada, conforme Oscar Dias Corrêa, sob a pressão dos ressentimentos contra a

---

[17] TEIXEIRA. *Curso de direito constitucional*, p. 74.
[18] BONAVIDES. *Curso de direito constitucional*, p. 84.

ordem até então vigente, não espelhou uma unidade ideológica, propiciando, em face das várias tendências ali identificadas, o surgimento de um grande número de artigos dependentes da elaboração de normas complementares, o que não decorreu só da complexidade da matéria, mas da necessidade de adiamento de uma solução definitiva.[19]

Dentro dessa realidade a Constituição de 1988 previu, no art. 3º do Ato das Disposições Constitucionais Transitórias, a necessidade de sua revisão, após cinco anos, contados de sua promulgação.

O art. 1º da nossa atual Constituição Federal, proclama que a República Federativa do Brasil constitui-se em um *Estado Democrático de Direito*, o que, segundo Miguel Reale, traduz uma opção pela democracia social,

> isto é, para uma democracia na qual o Estado é compreendido e organizado em essencial correlação com a sociedade civil, mas sem prejuízo do primordial papel atribuído aos indivíduos. É óbvio que a *democracia social* não deve ser confundida com a *social democracia*, que é sempre de cunho socialista, fato este que só deve impressionar aos que não estão afeitos ao jogo dos valores políticos, onde a mera inversão de uma palavra pode importar em alterações semânticas de fundo...[20]

Conclui Miguel Reale que a Constituição de 1988 consagra o *social-liberalismo*, ao prever a atuação do Estado como agente normativo e regulador da atividade econômica e não como empresário, "a não ser nos casos excepcionalíssimos previstos no art. 173, por imperativo de segurança nacional, ou relevante interesse coletivo definido em lei".[21]

É importante ressaltar que a matéria, o conteúdo normativo constitucionalizado, atua de modo a reforçar a idéia de

---

[19] CORRÊA. *A Constituição de 1988*: contribuição crítica, p. 14.
[20] REALE. *O Estado Democrático de Direito e o conflito das ideologias*, p. 43.
[21] REALE. *O Estado Democrático de Direito e o conflito das ideologias*, p. 45.

Constituição como norma suprema, na medida em que evidencia os valores supremos de uma sociedade, os princípios adotados.

Com isso, o texto constitucional de 1988 surgiu com a preocupação de tudo regular, com minúcias, com pormenores, e tratou de matérias que sempre foram objeto de legislação ordinária, tanto no que concerne ao direito civil, penal, do trabalho, previdenciário, administrativo etc., de modo a apresentar uma amplitude inigualável em face dos textos constitucionais brasileiros anteriores. Mesmo assim, é preciso tomá-la como cerne dos princípios adotados por nosso Estado, os quais retratam nossa idéia de Direito, nossos valores, nossa opção política.

Diogo Figueiredo Moreira Neto, ao analisar a Emenda Constitucional nº 19/98, pondera que nossa Constituição de 1988, com as emendas que lhe foram apostas, atua na contramão das tendências atuais da Administração Pública.

> Embora se manifestem atualmente duas tendências administrativas de envergadura global, que seriam a desconstitucionalização dos temas administrativos, com o fito de facilitar a atuação conjugada e associada em bloco de nações, e a descentralização das soluções administrativas, não só para que melhor elas possam se adequar às peculiaridades regionais e locais, na linha do princípio da subsidiariedade, como para permitir a expansão da criatividade das unidades menores, o que se tem observado é que, a partir de 1988, o Brasil cada vez mais vem constitucionalizando e centralizando as regras que regem a administração pública federal, estadual, distrital-federal e municipal.[22]

Não obstante, antes do advento das emendas constitucionais nº 18 e 19 de 1998, o texto constitucional de 1988 já havia previsto matérias que, conforme nossa tradição, eram motivo de legislação ordinária. Deste modo, se por um lado esta centralização possibilitou a homogeneização de princípios e conceitos, de outro propiciou um inconveniente, na medida em que qualquer

---

[22] MOREIRA NETO. *Apontamentos sobre a reforma administrativa*, p. 9.

problema pode ser elevado à categoria de uma inconstitucionalidade, e isto sem falar no esvaziamento da autonomia político-administrativa das unidades da federação brasileira.

Pode-se, portanto, concluir, conforme ensina Jorge Miranda, no sentido de que:

> Todo o Estado carece de uma Constituição como enquadramento da sua existência, base e sinal da sua unidade, esteio de legitimidade e de legalidade. Como surja e o que estatua, qual o apuramento dos seus preceitos ou as direções para que apontem — eis o que, como se sabe, varia extraordinariamente; mas, sejam quais forem as grandes soluções adotadas, a necessidade de tais regras é incontroversa.[23]

2.2 O Estado Social de Direito, o Estado Liberal e o Estado Neoliberal

O Estado Liberal, também chamado de Estado Constitucional, é o que visa atingir a liberdade no sentido do não constrangimento pessoal, em conseqüência da luta contra a tirania do Estado, vale dizer, é o Estado cujo pressuposto máximo de bem-estar comum se alcança, em todos os campos, pela menor presença possível do Estado.

Sua expressão máxima realiza a fórmula: "Laissez faire, laissez passer, le monde va de lui-même" [Deixai fazer, deixai passar, o mundo caminha por si só], cuja maior aplicação se deu no campo econômico, no qual se procurou suprimir a interferência do Estado na regulação da economia, pois a lei da oferta e da procura se encarregaria de colocar os preços em níveis justos, sem deixar de estimular o empresário a produzir cada vez mais e por menores preços.[24]

> Do Estado se espera muito pouco: basicamente que ele organize um exército para defender a sociedade contra o inimigo externo.

---

[23] MIRANDA. *Manual de direito constitucional*, 1996, p. 13.
[24] BASTOS. *Curso de teoria do Estado e ciência política*, p. 68-69.

Que ele assegure a boa convivência internamente mediante a polícia e o Judiciário incumbidos de aplicar as leis civis e as leis penais. Tudo o mais, saúde, educação, previdência, seguro social, será atingido pela própria atividade civil. Prega-se, portanto, o estado absenteísta. Quanto menos Estado melhor, ou, se se preferir, o Estado é um mal necessário.[25]

Já, em meados do século XIX, em virtude das conseqüências nefastas produzidas no âmbito econômico e social, surgem, conforme anota Maria Sylvia Zanella Di Pietro, reações contra o Estado Liberal, em virtude do aniquilamento das empresas de pequeno porte e do surgimento de uma nova classe social, do proletariado, que vivia em condições de miséria e ignorância.[26]

A ocorrência de crises econômicas demonstra que os mecanismos auto-reguladores da economia não são suficientes para alcançar o desenvolvimento nacional e levam a identificar a presença do Estado como imprescindível para corrigir os desequilíbrios, o que se buscou, primeiro, por meio do planejamento estatal e pela assunção do papel de regulador da economia, com a edição de normas disciplinadoras da conduta dos agentes econômicos. Já, em um segundo momento, o Estado passou a protagonizar a própria atividade econômica, criando e participando de empresas instituídas com tal finalidade.

Esta é, também, a opinião de Celso Ribeiro Bastos, quando pergunta:

> o que o levou a encampar tarefas que num primeiro momento pareciam ser mais eficientemente prestadas pelos particulares? A causa mais importante — e portanto não a única — foi sem dúvida a ocorrência no século XX de crises econômicas que, provocando a recessão e o desemprego, demonstravam ser os mecanismos auto-reguladores da economia insuficientes para promover harmonicamente o desenvolvimento da riqueza nacional.[27]

---

[25] BASTOS. *Curso de teoria do Estado e ciência política*, p. 69.
[26] DI PIETRO. *Parceiras na Administração Pública*, p. 26.
[27] BASTOS. *Curso de teoria do Estado e ciência política*, p. 70.

Porém, se considerarmos a atividade econômica por excelência, em que pese compaginar o Estado dentro das dimensões a ela conferidas pelo liberalismo clássico, se vê que o Estado Social, não chega ao ponto de anular ou asfixiar a iniciativa privada e a livre concorrência, pois se provedor, em muitos aspectos, não chega ao ponto de anular a competência, precípua, do particular, no que tange ao exercício deste mister.

É preciso ter em mente, considerando que a sociedade é organizada a partir de um complexo normativo, estruturado e capitaneado por uma Lei Fundamental, que não se pode prescindir do condicionamento recíproco entre a Constituição e a realidade político-social, para não perder de vista que, se de um lado a Lei Magna reflete a sociedade, com seus valores e seus anseios, de outro procura moldar esta mesma sociedade.

Assim, após a Primeira Guerra Mundial e com o advento da Constituição Mexicana de 1917 e da de Weimar de 1919, passa-se a considerar o homem além de sua condição individual, o que marca a superação de uma perspectiva liberal do Estado, com a consagração de direitos individuais em sentido negativo e a proteção contra a usurpação e abusos do Estado.

A partir da Revolução Industrial, o Estado deixa de ser o único opressor do desenvolvimento da personalidade humana, na medida em que o exercício de suas liberdades se acha condicionado, também, por situações e poderes extra-estatais. Passa-se, então, do Estado Liberal clássico para o chamado Estado Social ou Estado de Bem-Estar, com a pretensão de assinalar objetivos para a política econômica e social, o que vem afetar os processos políticos.

Surge o Estado como titular de deveres de prestações positivas para melhorar as condições de vida da população e para neutralizar as distorções econômicas geradas na sociedade, bem como promover a igualdade material e assegurar direitos que se referem "à segurança social, ao trabalho, as salário digno, à liberdade sindical, à participação nos lucros das empresas, à educação, ao acesso à cultura, dentre outros".[28]

As constituições assumem a conotação do dirigir, enquanto definem fins e programas de ação estatal, e a sociedade entende que o desenvolvimento social não acontece "com as costas voltadas para o Estado". A função da Constituição passa a garantir um mínimo de harmonia social e econômica, o que se dá com a pretensão de assinalar objetivos de política econômica e social.[29]

Dentro deste pensar, Reinhold Zippelius afirmou que "na sociedade industrial moderna altamente complicada, a autorregulação dos processos econômicos não funciona naqueles termos em que o liberalismo esperava".[30]

O Estado é tido como meio apropriado para realizar a proteção dos indivíduos e tem deveres de prestações positivas, tendo em vista a melhora das condições de vida e a promoção da igualdade material, de modo a assegurar direitos que se referem à "segurança social, ao trabalho, ao salário digno, à liberdade sindical, à participação no lucro das empresas, à educação, ao acesso à cultura, dentre outros".[31]

A determinação constitucional de tarefas, programas e fins ao Estado, tem suscitado problemas no que diz respeito à força normativa da Constituição, na medida em que sua concretização fica sob a responsabilidade dos detentores do poder político. Entretanto, tal fato não caracteriza em nenhuma hipótese sua incapacidade para regular a vida do Estado e da sociedade.

Ensina Konrad Hesse que o fato da Constituição prever matérias de forma aberta, não chega ao ponto de anular o seu

---

[28] BARROSO. *O direito constitucional e a efetividade de suas normas*, p. 95.
[29] BASTOS. *Curso de teoria do Estado e ciência política*, p. 71.
[30] ZIPPELIUS. *Teoria geral do Estado*, p. 143 -145.
[31] BARROSO. *O direito constitucional e a efetividade de suas normas*, p. 95.

caráter vinculante e sua capacidade de dispor sobre o que não pode ficar em aberto e indeterminado, vale dizer, os procedimentos pelos quais podem ser decididas as questões abertas. O programatizar os fins e tarefas do Estado não é algo antitético à sua força normativa, pois embora o faça por meio de princípios e normas abertas, que carecem de concretização, nem por isso deixam de ter força normativa vinculante suficiente, no momento da aplicação e interpretação constitucional.[32]

Um país não tem um regime democrático pelo simples fato da Constituição estabelecer liberdades e procedimentos próprios da democracia, mas, porque, efetivamente, os indivíduos consideram que a democracia é algo que deve ser conservado. A Constituição democrática só é possível se, efetivamente, existe uma realidade política democrática.

Determinar, constitucionalmente, programas, tarefas e fins não significa colocar a política em uma posição subalterna, em trilhos que não permitem sua realização, reduzindo-a a mera executora dos preceitos constitucionais. A dinâmica constitucional exige a atuação política e não visa eliminá-la, mas apenas confere fundamento para sua realização: não substitui a política, mas é sua premissa material e limite para sua atuação. Cabe à política a seleção de meios ou instrumentos adequados para a concretização das tarefas, programas e fins constitucionalmente previstos.

O dirigismo estatal é criticado em razão da governabilidade, vale dizer, sobrecarrega o Estado com tarefas, sem, contudo, providenciar recursos para executá-las, o que o torna ineficiente e devedor da função de provedor da justiça social.

Segundo Maria Sylvia Zanella Di Pietro, com o crescimento dos chamados direitos sociais e econômicos, postos perante o Estado, houve a ampliação desmesurada de suas atribuições,

---

[32] HESSE. *Escritos de Derecho Constitucional*, p. 18-20.

passando a atuar em todos os setores da vida social, "com uma ação interventiva que coloca em risco a própria liberdade individual, afeta o princípio da separação de Poderes e conduz à ineficiência na prestação de serviços".[33] Este acréscimo nas funções do Estado levou ao fortalecimento do Poder Executivo, que, para atuar, não pode ficar na dependência da produção do Legislativo e assume atribuições normativas, como, por exemplo, a emissão de decretos-leis, leis delegadas, regulamentos autônomos, medidas provisórias. Desta forma o princípio da legalidade passa a abranger os atos normativos editados pelo Executivo.

É dentro deste enfoque que surge a idéia de que o Estado deve ser mínimo e que deve estar limitado a fiscalizar e incentivar a iniciativa privada, não devendo, portanto, ser agente de políticas públicas.[34]

Tal postura fundamenta o que hoje se denomina de ideologia neoliberal, fenômeno distinto do liberalismo clássico do século passado. O neoliberalismo nasceu depois da II Guerra Mundial, na Europa e nos Estados Unidos, onde imperava o capitalismo, como reação teórica e política, contra o Estado intervencionista e de bem-estar. Teve origem no texto "O caminho da servidão", escrito em 1944 por Frederich Hayek, que ataca qualquer limitação ou regulamentação dos mecanismos de mercado, por parte do Estado.[35]

Frederich Hayek e seus companheiros preconizavam que o igualitarismo, promovido pelo Estado de Bem-Estar, destruía a liberdade dos cidadãos e a vitalicidade da concorrência, da qual dependia a prosperidade, já que a desigualdade é um fator positivo. Consideravam necessário:

---

[33] DI PIETRO. *Parcerias na Administração Pública*, p. 29-30.
[34] FERREIRA FILHO. *Constituição e governabilidade*: ensaio sobre a (in) governabilidade brasileira, p. 21-23, 34-38, 142.
[35] HAYEK. O caminho da servidão. In: ANDERSON. *Balanço do neoliberalismo, pós-neoliberalismo*: as políticas sociais e o Estado democrático, p. 10-11.

CONTROLE DAS ORGANIZAÇÕES SOCIAIS | 33

Manter um Estado forte, sim, em sua capacidade de romper o poder dos sindicatos e no controle do dinheiro, mas parco em todos os gastos sociais e nas intervenções econômicas. A estabilidade monetária deveria ser a meta suprema de qualquer governo. Para isso seria necessária uma disciplina orçamentária, com a contenção dos gastos com bem-estar, e a restauração da taxa "natural" de desemprego, ou seja, a criação de um exército de reserva de trabalho para quebrar os sindicatos. Ademais, reformas fiscais eram imprescindíveis, para incentivar os agentes econômicos.[36]

Frederich Hayek, em 1947, convocou para uma reunião em Mont Pèlerin, na Suíça, os que compartilhavam de sua orientação ideológica, à qual compareceram: Milton Friedman, Karl Popper, Lionel Robbis, Michael Planyi, Salvador Madariaga e outros, fundaram nesta ocasião a Sociedade de Mont Pèlerin,

uma espécie de franco-maçonaria neoliberal, é altamente dedicada e organizada com a realização de assembléias internacionais a cada dois anos. Seu propósito era combater o keynesianismo e o solidarismo reinantes e preparar as bases para um outro tipo de capitalismo, duro, livre de regras para o futuro.[37]

No início, como ideologia, o novo liberalismo foi posto em prática por governos que se diziam da direita radical e depois, mesmo os que se acreditavam como da esquerda, foram adotando o neoliberalismo, como modelo político.

Hoje já se houve falar que as políticas neoliberais fracassaram e que não conseguiram reanimar a dinâmica do capitalismo, pois deterioraram a vida da massa da população e engendraram a ampliação das diferenças sociais e até o fracasso do próprio Estado.

Desta forma, conforme colocação de Pierre Salama, é preciso começar a pensar em outra política econômica, em outro papel do Estado, em outra forma de abertura econômica, em

---

[36] HAYEK. O caminho da servidão. In: ANDERSON. *Balanço do neoliberalismo, pós-neoliberalismo*: as políticas sociais e o Estado democrático, p. 10-11.
[37] HAYEK. O caminho da servidão. In: ANDERSON. *Balanço do neoliberalismo, pós-neoliberalismo*: as políticas sociais e o Estado democrático, p. 10-11.

outra política industrial, em outra distribuição de renda. Se hoje a abertura econômica é uma necessidade global, nada obriga a aceitar que esta seja a proposta pelos neoliberais. Começa-se a falar em uma "terza via" que conjugue a ideologia liberal com a socializante ou intervencionista, voltada para certos setores das necessidades sociais.[38]

Lênio Strek cita Boaventura de Souza Santos para afirmar que o Estado Social "foi uma instituição política inventada nas sociedades capitalistas para compatibilizar as promessas da Modernidade com o desenvolvimento capitalista"; pondera que este tipo de Estado, segundo os neoliberais, passou, desapareceu, porque ele agora é uma instituição anacrônica, na medida em que ainda é uma entidade nacional, em um mundo onde está tudo globalizado.[39]

Não obstante, para Lênio Strek, a minimização do Estado em países que passaram pela etapa do Estado Providência, ou *welfare state*, tem conseqüências diversas da minimização do Estado em países como o Brasil, onde não houve o Estado Social. Porque, "em nosso país as promessas da modernidade ainda não se realizaram. E, já que tais promessas não se realizaram, a solução que o *establishment* apresenta, por paradoxal que possa aparecer, é o retorno ao Estado (neo)liberal". Concluindo que "é evidente, pois, que em países como o Brasil, em que o Estado Social não existiu, o agente principal de toda política social deve ser o Estado. *As políticas neoliberais, que visam a minimizar o Estado, não apontarão para a realização de tarefas antitéticas a sua natureza*".[40]

Isto posto, a sociedade sob o influxo da Revolução das Comunicações começa a desenvolver um novo diálogo, com a

---

[38] ANDERSON. *Balanço do neoliberalismo, pós-neoliberalismo*: as políticas sociais e o Estado democrático, p. 53.

[39] STREK. *Hermenêutica jurídica e(m) crise*: uma exploração hermenêutica da construção do direito, p. 22-26.

[40] STREK. *Hermenêutica jurídica e(m) crise*: uma exploração hermenêutica da construção do direito, p. 22-26.

ascensão de um novo pragmatismo político, na busca de uma solução possível para os complexos problemas decorrentes desta nova forma de convivência.

Para Diogo Figueiredo Moreira Neto, surge um novo modelo de Estado que se caracteriza por um novo tratamento do *poder*, que tende a ser "desconcentrado, leve, flexível, menos oneroso e desmonopolizado". O que dá lugar à chamada *administração pública gerencial*, definida pelo Estado, mas com maior participação da sociedade.[41] Vale dizer, por ele conduzida, em certos casos, com exclusividade, mas, em outros, em parceria com entes da coletividade, para atender o seu interesse, sob o seu mais intenso e direto controle.

O debate sobre o Estado não se situa tanto, como se possa pensar, sobre seu *tamanho*, embora seja também um tema relevante, mas principalmente, sobre sua competência, vale dizer, quanto às *funções* que deve desempenhar para se afirmar como um *Estado Instrumental e Competitivo*, apropriado a sociedades abertas.[42]

Mas como determinar e delimitar o tamanho deste novo Estado?

No caso brasileiro, foi delineado pela privatização, pela terceirização, pelo que chamam de publicização das atividades de utilidade pública, ou seja, pelo seu compartilhamento com a iniciativa privada, o que propiciou uma redução significativa dos custos operacionais, "mediante o enxugamento da máquina administrativa e o sacrifício dos servidores públicos, que são os artífices na execução de qualquer reforma do Estado".[43]

Maria Sylvia Zanella Di Pietro, ao tentar definir o fenômeno da privatização, depois de considerá-lo como tarefa difícil, releva a possibilidade de analisá-la dentro de uma visão ampla, que

---

[41] MOREIRA NETO. *Apontamentos sobre a reforma administrativa*, p. 3-4.

[42] MOREIRA NETO. *Mutações do direito administrativo*, p. 123.

[43] BORGES. A implantação da Administração Pública gerencial na Emenda Constitucional nº 19/98. *Boletim de Direito Administrativo*, p. 89 apud MELO. *Reformas administrativa, previdenciária, do judiciário*, p. 43.

abrange todas as medidas adotadas com o objetivo de diminuir o tamanho do Estado e que compreendem, fundamentalmente:

a. a **desregulação** (diminuição da intervenção do Estado no domínio econômico); b. a **desmonopolização** de atividades econômicas; c. **a venda de ações de empresas estatais ao setor privado** (desnacionalização ou desestatização); d. **a concessão de serviços públicos** (com a devolução da qualidade de concessionário à empresa privada e não mais a empresas estatais, como vinha ocorrendo); e. os **contracting out** (como a forma pela qual a Administração Pública celebra acordos de variados tipos para buscar a colaboração do setor privado, podendo-se mencionar, como exemplos, os convênios e os contratos de obras e prestação de serviços); é nesta última fórmula que entra o instituto da **terceirização**.[44]

A terceirização, por sua vez, consiste em uma modalidade de transferência de atividades materiais da Administração a terceiros, desde que tais atividades não necessitem do exercício do poder estatal. A essência da terceirização reside na natureza da atividade e não na das pessoas.[45]

As atividades passam a ser classificadas em razão da possibilidade do seu exercício. De um lado estão as que exigem a manifestação do poder de império do Estado e são consideradas como atividades típicas do Poder Público, como, por exemplo, a de polícia, fiscalização, controle e justiça. De outro, situam-se as que não exigem o uso da força, a independência no controle e, por isso, podem ser exercidas pela iniciativa privada.

Começa, então, a superação da dicotomia: *público e privado*, e o nascimento da figura do *público não estatal*, com o deslocamento da ênfase dos processos para os resultados, para sua eficiência, e isto no que tange, também, à prestação de serviços, tanto no que diz respeito ao setor privado, quanto diante do Estado.

Esta Administração Pública por coordenação, entre o setor público e o privado, tem a preferência das sociedades ditas

---

[44] DI PIETRO. op. cit., p. 23-24.
[45] MOREIRA NETO. *Mutações do direito administrativo*, p. 138-139.

modernas, valendo-se, além das formas clássicas dos consórcios e convênios, dos "acordos para a realização de programas específicos de administração pública".[46]

Massimo Gianini, conforme registra José Tarcízio de Almeida Melo, considerou que o Estado deste milênio deve ser "Pluriclasse", e isto porque o homem já não admite o autoritarismo da Administração Pública e o Estado necessita, para ser exeqüível, da participação popular, com a interação dos centros de decisão, mas não só dos individuais, mas, também, dos de decisão coletiva.

Assim, Maria Sylvia Zanella Di Pietro pondera que o Estado deve ser visto sob nova roupagem, com a participação popular no processo político, nas decisões do governo, no controle da Administração Pública.[47]

Nesta nova concepção de Estado, o interesse público é confundido com a idéia de bem comum, com a atuação voltada para diminuir as desigualdades sociais, com o conseqüente bem-estar da coletividade.

Surge desta forma, com a diminuição do tamanho do aparelhamento do Estado, a ambientação propícia para o desenvolvimento de parcerias a serem firmadas entre o Estado e o setor privado e a delegação para o desempenho de atividades, até então, desempenhadas pela Administração Pública.

Tais parcerias podem ser formalizadas: 1. pela delegação da execução de serviços públicos a particulares, efetivada por meio da concessão ou permissão, ou, ainda, pela concessão patrocinada como fruto de parcerias instituídas pela Lei nº 11.079, de 30.12.2004; 2. com o fomento à iniciativa privada de interesse público, tendo como instrumento os convênios ou os contratos de gestão; 3. pela cooperação do particular na realização de

---

[46] MOREIRA NETO. *Apontamentos sobre a reforma administrativa*, p. 7.
[47] DI PIETRO. *Parcerias na Administração Pública*, p. 32.

atividades próprias da Administração Pública, o que se dá por meio da terceirização, ou da concessão administrativa, prevista na Lei nº 11.079/2004.

Com a mudança de feição da intervenção estatal, cresce a idéia de um Estado Subsidiário, embasado na proteção da esfera de autonomia dos indivíduos e da coletividade contra a intervenção pública injustificada.

2.3 Estado Subsidiário

O princípio da subsidiariedade, nesta concepção de Estado, assume importância fundamental.

Com a Doutrina Social da Igreja Católica, em pese anterior a esta nova visão de Estado, o princípio assume uma concepção moderna, a partir das encíclicas *Rerum Novarum* de Leão XIII (1891); *Quadragesimo Anno* de Pio IX (1931); *Mater et Magistra* de João XXIII (1961) e, mais recentemente, pela encíclica *Centesimus Annus* de João Paulo II (1991).

A essência deste novo entendimento se resume na defesa da propriedade privada e do operário contra a ira socialista e o liberalismo econômico. Foi na encíclica *Quadragesimo Anno* que a subsidiariedade estatal encontrou o seu melhor respaldo, na medida em que preconizou uma estrutura hierarquizada da sociedade, vale dizer, uma organização de entidades de tamanhos e funções diferentes, tais como: a família, associações, sindicatos e o Estado.

Uma entidade superior não deve realizar os interesses da coletividade inferior, quando esta puder supri-los eficazmente, de modo que cabe, ao ente maior, atuar só nas matérias que não possam ser assumidas pelo grupo social menor. Em consonância com esta forma de ser, o Estado deve abster-se da realização de atividades que o particular pode exercer, por sua própria conta e com seus próprios recursos.

Foi com este sentido que o número 79 da referida encíclica, previu: "o fim natural da sociedade e da sua ação é coadjuvar os seus membros, e não destruí-los nem absorvê-los".

Silvia Faber Torres, ao analisar o princípio da subsidiariedade, avalia como paradoxal a necessidade de impor limites à ação do Estado, na medida em que, ao mesmo tempo, é indispensável a sua ajuda e estímulo para o caso da coletividade não poder realizar suas próprias necessidades, ou, ainda, quando esta realização não for eficaz ou satisfatória. Surge, assim, um conflito entre o dever da não ingerência e o dever da ingerência.[48]

João Paulo II, na encíclica *Centesimus Annus*, enfatizou que o Estado deve respeitar a autonomia dos indivíduos, das famílias, das associações de classe, dos grupos econômicos, dos partidos políticos, na busca do bem comum e que, no campo econômico, o Estado deve, também, acatar essa autonomia, só devendo agir quando necessário para criar condições favoráveis ao ser exercício.

Passa-se a identificar a necessidade de analisar a dicotomia serviço público/atividade de exploração econômica, Estado/sociedade, interesse público/interesse privado, mesmo porque se tem aceitado, quase sem resistência, que a Administração Pública monopoliza a prestação dos serviços públicos e que aos particulares se reserva o domínio da atividade econômica.

O Estado brasileiro tem admitido que sua atuação, no âmbito da economia, só será possível em casos excepcionais, e o art. 173 da Constituição Federal de 1988 a reservou para aqueles que envolvem a proteção da segurança nacional e o atendimento de relevante interesse coletivo.

Maria Sylvia Zanella Di Pietro registra Sabino Cassese para afirmar que foi com este pensar, da subsidiariedade, que o Tratado da União Européia preservou a soberania dos Estados-membros,

---

[48] TORRES. *O princípio da subsidiariedade no direito público contemporâneo*, p. 9.

pois, de acordo com o art. 3º B, "a comunidade age nos limites das competências que lhe são conferidas e dos fins que lhe são assinalados pelo presente. Nas matérias que não são de sua exclusiva competência, intervém, conforme o princípio da subsidiariedade, somente se e na medida em que os objetivos das ações previstas não podem ser suficientemente realizados pelos Estados-membros".

Quando se trata da estrutura do Estado, no âmbito interno, é possível dizer que, em nome do princípio da subsidiariedade, cabe a ele promover, estimular e criar condições para a participação do cidadão no processo político e no controle das atividades governamentais.

Dentro desta visão, várias conseqüências devem ser apontadas, ou seja: o tamanho do Estado deve ser diminuído, o que se pode fazer, em razão de ordem financeira, política e jurídica, pelos mecanismos de privatização, vale dizer, para diminuir os gastos públicos com empresas deficitárias é preciso retomar a gestão privada dos serviços públicos, o que aliviaria o controle e o formalismo excessivos, próprios da Administração Pública centralizada e, conforme inspiração neoliberal, a substituição do Estado pela iniciativa privada, pois este já não é capaz de gerir atividades comerciais e industriais.

Portanto, não cabe mais falar que o Estado é o titular e o protetor, exclusivo, do interesse público, na medida em que existem vários interesses públicos, representativos de setores da sociedade civil. Portanto é preciso estimular a iniciativa privada quando voltada para o atendimento do interesse coletivo e o Estado "deve ajudar, estimular, criar condições para que os vários grupos de interesses, representados por entidades particulares, partam à busca de seus próprios objetivos".[49]

---

[49] DI PIETRO. *Parcerias na Administração Pública*, p. 37.

Tratar de um Estado subsidiário não significa aventar a possibilidade de um Estado descompromissado, pois não se pode perder de vista que a instituição estatal tem por fim a defesa, da ordem, do bem-estar e do progresso de um povo, organizado sobre um território.

Com isto assume destaque a atividade administrativa de fomento, no que diz respeito ao incentivo à iniciativa privada de interesse público, de modo que se passa a identificar e distinguir as atividades essenciais, que só o Estado pode cumprir e, portanto, típicas do Poder Público, das atividades sociais e econômicas, as quais só devem ficar a cargo do Estado se o particular não conseguir realizá-las, eficientemente, em regime de competição e livre iniciativa e, mesmo no caso de apurada alguma deficiência, o desempenho estatal deve se resumir ao incentivo, ao fomento da referida atividade.

Isto posto, em respeito ao regime de livre competição e iniciativa, fala-se, em decorrência da subsidiariedade aqui definida, que é, também, necessária a desregulamentação estatal, para que a economia de mercado possa funcionar, para que as liberdades individuais possam se realizar com plenitude. Esta desregulamentação, no momento em que amplia a liberdade de atuação da iniciativa privada, atinge "especialmente os serviços públicos, como os de transporte, correio, telecomunicações, energia elétrica..."[50]

Os ideais deste Estado Subsidiário embasaram a "reforma do Estado", ou melhor, "a reforma do aparelhamento do Estado", preconizada no Brasil, pelo Plano Diretor da Reforma do Estado, elaborado pelo Ministério da Administração Federal e Reforma do Estado – MARE e aprovado pela Câmara da Reforma do Estado, em 21.9.1995.

No que tange à Administração Pública, o ideal passa a residir na transformação do que se denomina de administração

---

[50] DI PIETRO. *Parcerias na Administração Pública*, p. 39.

burocrática, considerada rígida e ineficiente, para uma administração pública *gerencial* tida como mais flexível e mais eficiente para a prestação dos serviços públicos.

A administração burocrática, concebida na metade do século XIX como forma de combater a corrupção e o nepotismo, se realiza por meio de procedimentos rígidos no que tange à celebração de contratos e seleção de pessoal, em decorrência da profissionalização, da organização em carreira, da hierarquia funcional, do formalismo e da impessoalidade.

Por sua vez, a administração gerencial se alinha a partir da expansão das funções econômicas e sociais a cargo do Estado e, também, pelo desenvolvimento tecnológico, ao lado da globalização da economia. Desta forma, com a necessidade de restringir gastos e custos, ao mesmo tempo em que sente necessidade de melhorar a qualidade dos serviços prestados, passa a ter como essencial a existência de uma Administração Pública eficiente, "pelo desenvolvimento de uma cultura gerencial nas organizações".[51]

Assim, na busca de um melhor atendimento das necessidades da população, é impossível deixar de registrar as ponderações feitas por Emerson Gabardo, quando, depois de anotar que esta idéia só ganhou espaço depois do sucesso ideológico do neoliberalismo, afirma que

> nas últimas décadas surgiram novas expectativas com relação ao Estado e ao sistema jurídico-constitucional, impondo-se um novo paradigma, não mais pautado pelo providencialismo, mas pela determinada "concepção eficientista", que, longe de verificar os reais elementos auferidores da eficiência do Estado, é originária no bojo de um "fetichismo econômico".[52]

Se esta ampliação da liberdade de atuação da iniciativa privada atinge, especialmente, os serviços públicos, é preciso, dentro desta realidade, analisar a noção de serviço público.

---

[51] DI PIETRO. *Parcerias na Administração Pública*, p. 49.
[52] GABARDO. *Eficiência e legitimidade do Estado*, p. 161.

Capítulo 3

Noção de serviço público

A prestação de serviços públicos já foi considerada como a própria razão de ser do Estado e alcançou seu auge com a Escola Francesa do Serviço Público, da qual são propagadores os Mestres de Bordeaux, Léon Duguit e Gaston Jèze.

Quando se trata de definir serviço público, é possível encontrar posturas como a consagrada por Hely Lopes Meirelles, para quem *"Serviço Público* é todo aquele prestado pela Administração ou por seus delegados, sob normas e controles estatais, para satisfazer necessidades essenciais ou secundárias da coletividade ou simples conveniências do Estado".[53]

Para Paulo Modesto, "definir 'serviço público' é demarcar os limites de uso do conceito. É estabelecer as *fronteiras de sua significação*:determinar quando é possível utilizá-lo e quando deve ser recusado seu emprego".[54]

Conforme Roberto Dromi, o conceito de "serviço público" pode ser visto a partir de duas interpretações básicas. Segundo uma *interpretação negativa*, a noção está em crise e deve ser substituída por outra designação genérica, como, por exemplo, pela noção de "prestação administrativa".[55]

Já, considerando a *interpretação positiva*, Roberto Dromi afirma que ela pode ser subdividida em três leituras diferentes:

---

[53] MEIRELLES. *Direito administrativo brasileiro*, p. 285.
[54] MODESTO. *Parcerias público-privadas*, p. 442.
[55] DROMI. op. cit., p. 529.

1. *máxima* - quando serviço público é toda a atividade do Estado cuja execução deve ser assegurada, regulada e controlada; 2. *média* - vê o serviço público como toda atividade da Administração Pública; 3. *mínima* - quando serviço público é parte da atividade administrativa.[56]

A doutrina conceitua "serviço público" a partir de diferentes critérios, e, segundo Paulo Modesto,

> os autores contemporâneos não tratam da matéria em sentido amplo nem em sentido orgânico, mas em sentido restrito e objetivo, procurando especificar o *regime jurídico específico* da atividade de serviço público e isolá-la no interior da atividade administrativa do Estado.[57]

O conceito clássico de serviço público é orgânico, ou seja, é aquele prestado pela Administração e por seus delegados, de modo contínuo, para satisfação das necessidades essenciais da coletividade, sob condições impostas unilateralmente pela Administração.

Dentro da nova realidade, a da Administração Pública gerencial, para que certas atividades sejam consideradas como serviço público, não é mais necessário que sejam prestadas pela própria Administração ou por seus delegados e nem que estejam submetidas ao regime jurídico de direito administrativo. Hoje, conforme Diogo Figueiredo Moreira Neto,

> basta que o *Estado* o *preste*, por qualquer de seus agentes, ou apenas *assegure sua prestação*, seja através de *delegatários legais*, sem interferência de qualquer órgão ou entidade da Administração Pública, seja, como classicamente se tem entendido, através de *delegatários administrativos*. Diversificam-se e enriquecem-se, assim, as modalidades de prestação de serviços públicos com a crescente e multifária colaboração do setor privado, necessitando-se, em conseqüência, de novos conceitos e atualizadas sistematizações.[58]

---

[56] DROMI. p. 529.
[57] MODESTO. *Parcerias público-privadas*, p. 447.
[58] MOREIRA NETO. *Mutações do direito administrativo*, p. 125-126.

CONTROLE DAS ORGANIZAÇÕES SOCIAIS | 45

Como se vê, para conceituar serviço público é preciso identificar, primeiramente, que a atividade satisfaça uma utilidade concreta, fruível pelo administrado e que esteja a cargo do Estado ou de seus delegados.

Não obstante, como pondera Paulo Modesto, "o serviço público é *atividade dirigida a produzir utilidade material para terceiros*, não uma atividade jurídica ou de subvenção/estímulo — o que aparta as noções de 'serviço público' e 'poder de polícia', por um lado, e 'serviço público' e 'fomento', por outro".[59]

É preciso ter em mente, quando se quer conceituar "serviço público", que a titularidade da prestação de determinada atividade pelo Estado, decorre sempre de determinação legal ou constitucional e que assim, nos termos do art. 175 da Constituição Federal, a declaração da atividade como pública acarreta, por conseqüência, que sua gestão seja feita, diretamente, pelo Estado, ou por particulares, instrumentalizados por via da concessão e da permissão. De tal modo, não devem ser considerados como serviços públicos, as atividades desempenhadas por particulares e que afetem os interesses da coletividade, cuja titularidade não tenha sido prevista, pela Constituição ou por lei, como exclusiva do Poder Público.

Dentro deste universo, Celso Antônio Bandeira de Mello ensina que uma noção jurídica "só tem préstimo e utilidade se corresponder a um dado sistema de princípios e regras: isto é, a um regime, a uma disciplina peculiar. Daí que só merece ser designado como serviço público aquele concernente à prestação de atividade e *comodidade material*" fruível singularmente pelo administrado o qual o Estado assume como pertinente a seus deveres e por isso presta por si mesmo ou por quem lhe faça as vezes, "*desde que tal prestação se conforme a um determinado e*

---

[59] MODESTO. *Parcerias público-privadas*, p. 447-448.

específico regime: o regime de Direito Público, o regime jurídico-administrativo."[60]

Entende ainda o jurista que, diante da Constituição Federal, é possível classificar os serviços públicos em: 1. aqueles de prestação obrigatória e exclusiva do Estado (correio aéreo e serviço postal); 2. os serviços que o Estado tem a obrigação de prestar e a obrigação de conceder; 3. serviços que o Estado tem a obrigação de prestar, mas sem exclusividade (educação e saúde); 4. serviços que o Estado não é obrigado a prestar, mas, não os prestando, terá de agenciar sua execução, mediante concessão e permissão.[61]

Quando se trata de um serviço público, a responsabilidade pela prestação é do Estado, o que significa dizer que se o particular, na qualidade de delegado, deixar de prestar ou abandonar o serviço, o Estado deve assumi-lo e responder por sua continuidade. Do mesmo modo se o particular responde pelos danos causados, o Estado também é responsável perante o usuário, na medida em que continua como titular da atividade.

Isto posto, é irretocável o conceito de "serviço público" apresentado por Paulo Modesto quando diz que é

> a atividade de prestação administrativa material direta e imediatamente a cargo do Estado ou de seus delegados, posta concretamente à disposição de usuários determinados ou indeterminados, sob regime de direito público, em caráter obrigatório, igualitário e contínuo, com vistas a satisfazer necessidades coletivas, sob titularidade do Poder Público.[62]

Tratando da noção de serviço público é preciso concluir, como o fez Celso Antônio Bandeira de Mello, que a noção

> há de se compor necessariamente de dois elementos: a) um deles, que é seu *substrato material,* consistente na prestação de utilidade ou comodidade fruível singularmente pelos administrados; o outro,

---

[60] MELLO. *Curso de direito administrativo,* p. 601-602.
[61] MELLO. *Curso de direito administrativo,* p. 603.
[62] MODESTO. *Parcerias público-privadas,* p. 452.

(b) *traço formal* indispensável, que lhe dá justamente caráter de noção jurídica, consistente em um *específico regime de Direito Público*, isto é, numa "unidade normativa".[63]

Não obstante, não se deve ignorar que existem interesses coletivos relevantes em atividades consideradas privadas, as quais não estão a cargo da atividade estatal, mas são serviços de relevância pública, por atenderem necessidades essenciais e inadiáveis da sociedade.

Se a realização de tais atividades não se acha reservada, com exclusividade, para o Estado, e se seu atendimento admite a livre atuação da iniciativa privada, isto não significa que sobre tal universo existe o desinteresse do Estado, muito pelo contrário, sua prestação está assegurada pela fiscalização e regulação do Poder Público, de modo a garantir o respeito ao princípio da dignidade da pessoa humana.

Diogo Figueiredo Moreira Neto avalia que o conceito de serviço público está sendo ultrapassado, pois já não é mais necessário que a Administração, ou quem dela seja delegado, atue como prestadora de um serviço à coletividade e que essa atividade se submeta a um estrito regime de direito, para ser considerado como serviço público, hoje, "basta que o Estado o *preste*, por qualquer de seus órgãos, ou apenas assegure sua prestação, seja através de *delegatários legais*, sem interferência de qualquer órgão ou entidade da Administração Público, seja, como classicamente se tem entendido, através *de delegatários administrativos*".[64]

Desta forma, propõe como, *transicional e provisório*, um conceito de serviço público, ou seja, aquele que se refere: "as atividades pelas quais o Estado, direta ou indiretamente, promove ou assegura a satisfação de interesses públicos, assim por lei

---

[63] MELLO. *Curso de direito administrativo*, p. 602.
[64] MOREIRA NETO. *Mutações do direito administrativo*, p. 125-126.

considerados, sob regime jurídico próprio a elas aplicável, ainda que não necessariamente de direito público".[65]

Passa-se a conviver com a delegação do exercício de certas atividades estatais a entes da sociedade civil, e aqui se fala em delegação, para diferenciá-la da transferência, vale dizer, a responsabilidade, a titularidade da prestação da atividade continua a ser confiada ao Estado pela ordem jurídica, apenas o seu exercício passa a ser encargo do particular.

Conforme Celso Antônio Bandeira de Mello: "não se deve confundir a titularidade do serviço com a titularidade da prestação do serviço. Uma e outra são realidades jurídicas visceralmente distintas".[66]

O fato de o Estado (União, Estados, Distrito Federal e Municípios) ser o titular de serviços públicos, ou seja, de ser o sujeito que detém "senhoria" sobre eles (a qual, de resto, é, antes de tudo, um dever em relação aos serviços que a Constituição ou as leis puseram ou venham a por seu cargo) não significa que deva obrigatoriamente *prestá-los* por si ou por criatura sua quando detenha a titularidade exclusiva do serviço.[67]

---

[65] MOREIRA NETO. *Mutações do direito administrativo*, p. 125-126.
[66] MELLO. *Curso de direito administrativo*, p. 607.
[67] MELLO. *Curso de direito administrativo*, p. 607.

Capítulo 4

A prestação de serviço público na Constituição brasileira

A Constituição Federal de 1988 ao declarar, em seu art. 1º, que o Brasil é uma República Federativa, divide, entre os entes federativos parciais, União, Estados, Municípios e Distrito Federal, a competência para realizar atividades materiais que venham propiciar o atendimento de utilidades ou comodidades "singularmente fruíveis pelos administrados", imprescindíveis, necessárias ou que correspondam a conveniências básicas da sociedade, tais como água, luz, gás, telefonia, transporte coletivo etc., o que propicia dizer que estes são serviços públicos por excelência. Entretanto, a enumeração dos serviços públicos no texto constitucional, não é exaustiva, e, do mesmo modo, conforme se lê, nem todos os serviços postos à responsabilidade do Poder Público, estão excluídos da atuação dos particulares.

As atividades consideradas como serviços, estão previstas, por exemplo: no art. 21, inciso X, onde diz que compete à União, manter o serviço postal e o correio nacional e, no inciso XIV do mesmo artigo, que a ela compete "organizar e manter a polícia civil, a polícia militar e o corpo de bombeiros militar do Distrito Federal, bem como prestar assistência financeira ao Distrito Federal para a execução de serviços públicos, por meio de fundo próprio".[68]

Da mesma forma, o §2º do seu art. 25, determina que "cabe aos Estados explorar diretamente, ou mediante concessão, os

---

[68] BRASIL. *Constituição*, art. 21, inc. X e XIV

serviços locais de gás canalizado, na forma da lei, vedada a edição de medida provisória para a sua regulamentação".[69]

O art. 30 da Constituição Federal ao disciplinar a competência dos Municípios, dispõe, no inciso V, que cabe a eles "organizar e prestar, diretamente ou sob regime de concessão ou permissão, os serviços públicos de interesse local, incluído o de transporte coletivo, que tem caráter essencial".[70]

É importante registrar, mais uma vez, o pensamento de Celso Antônio Bandeira de Mello quando ressalta que, em linguagem leiga, a expressão "serviço" se refere a tudo aquilo que o Estado faz,

> ou pelo menos, toda atividade administrativa por ele desempenhada. Assim, por exemplo, a construção de uma estrada, de uma ponte, de um túnel, de um viaduto, de uma escola, de um hospital, ou a pavimentação de uma rua podem aparecer, na linguagem corrente, como sendo um "serviço" que o Estado desempenhou.[71]

A partir da Constituição Federal é possível distinguir os serviços públicos privativos do Estado, prestados por ele diretamente ou mediante autorização, concessão ou permissão, dos serviços públicos não privativos do Estado, que podem estar a cargo dos particulares, independentemente de concessão.

O art. 175 da Lei Magna brasileira reza que "incumbe ao Poder Público, na forma da lei, diretamente ou sob regime de concessão ou permissão, sempre através de licitação, a prestação de serviços públicos".[72]

Nossa Lei Fundamental ao declarar o dever do Estado para com a saúde, nos art. 196 e 197, para com a educação, nos art. 205 e 208, 211 e 213, para com a previdência social, nos art. 201 e 202, e para com a assistência social, nos art. 203 e 204, afirma,

---

[69] BRASIL. *Constituição*, art. 25, §2°.
[70] BRASIL. *Constituição*, art. 30, inc. V.
[71] MELLO. *Curso de direito administrativo*, 608.
[72] BRASIL. *Constituição*, art. 175.

nos art. 199 e 209, que a prestação destes serviços é livre à atividade privada, em que pesem sujeitos a disciplina especial, e admite, ainda, a presença de particulares no setor, independentemente de concessão ou permissão, como o faz, no art. 204, I e II, para a assistência social, quando é possível, também, a atuação complementar da iniciativa privada, preferencialmente por meio de instituições públicas não estatais, ou seja, por pessoas privadas de fim público, sem fins lucrativos, o que não exime o Estado da responsabilidade para assegurar e garantir os direitos ditos sociais.

Paulo Modesto, depois de reconhecer que na Constituição Federal "são mais de 20 normas que empregam a expressão 'serviço público'", identifica, na Lei Magna, dois conceitos de "serviço público": o orgânico — "com significado de *aparato administrativo do Estado*" (v.g., art. 37, XIII; art. 39, §7º; art. 40, III; art. 40, §16; art. 136, §1º; e art. 198; ADCT, art. 11, art. 19 e art. 53) — e o *conceito objetivo* — "que remete a uma modalidade de *atividade técnica de natureza pública*, uma específica atividade estatal ou tarefa administrativa" (art. 21, XIV; art. 30, V; art. 37, §6º; art. 54, I, *a*; art. 61, §1º, II, *b*; art. 139, VI; art. 145, II; art. 175; art. 202, §5º; art. 223; e art. 241; ADCT, art. 66).[73]

Desta forma reparte a atividade de sua prestação entre o Estado e os particulares, de tal modo que ao lado das atividades consideradas como serviço público e de exploração econômica, existem ações, serviços de relevância pública, que atendem a interesses coletivos relevantes, "presentes em atividades privadas de interesse público, não sujeitas à *publicatio*, isto é, à titularidade estatal", mas que estão sujeitas a obrigações de "regularidade, continuidade, igualdade, incidentes sobre serviços de relevância pública, como deveres inerentes à essencialidade das atividades exercidas, proclamada em lei ou diretamente na Constituição", como, por exemplo, na hipótese prevista no §1º de seu art. 9º,

---

[73] MODESTO. *Parcerias público-privadas*, p. 454.

quando, ao dispor sobre o direito de greve dos trabalhadores, previu que "a lei definirá os serviços ou atividades essenciais e disporá sobre o atendimento das necessidades inadiáveis da comunidade".[74][75]

Ora, quando a Constituição determina a imperatividade do atendimento das necessidades inadiáveis da comunidade, admite que entre tais atividades estão os serviços públicos, mas que, também, dentre elas se encontram alguns serviços privados de natureza econômica, como, por exemplo, "a compensação bancária e a distribuição e comercialização de medicamentos e alimentos".[76]

A imprescindibilidade de atendimento de tais necessidades essenciais, que decorrem da atuação da iniciativa privada, produzem para o Poder Público a responsabilidade por sua prestação, ou seja, a obrigação de assegurá-las.

Assim, ao lado das atividades próprias do serviço público, existem outras consideradas prioritárias para comunidade e se não titularizadas pelo Estado, sua regularidade e disciplina transcende ao universo privado e o Poder Público deve controlá-las, fiscalizá-las e incentivá-las.

Celso Antônio Bandeira de Mello ao tratar dos serviços sobre os quais o Estado não detém titularidade exclusiva, pergunta se o Estado pode qualificar — subentende-se, por via legislativa —, qualquer atividade como serviço público? Ou se é preciso que possua natureza ou substância própria?[77]

Considera o autor que o Estado, por meio do Poder Legislativo, pode erigir uma atividade como serviço público, desde que respeite os limites constitucionais e que não ultrapasse as

---

[74] A Lei nº 7.783/1989 regulou o preceito constitucional, nos seguintes termos de seus artigos 10, 11 e 12.
[75] MODESTO. *Parcerias público-privadas*, p. 454.
[76] MODESTO. *Parcerias público-privadas*, p. 455.
[77] MELLO. *Curso de direito administrativo*, p. 614-618.

fronteiras relativas à ordem econômica, "as quais são *garantidoras da livre iniciativa"*. Vale dizer, a realização da atividade econômica assiste, primordialmente, ao particular, cabendo ao Estado desempenhá-las só em caráter excepcional, conforme prevê o art. 173 da Constituição Federal.[78]

O importante é que, embora a Constituição admita que o Estado pode, excepcionalmente, atuar na esfera econômica "como protagonista empresarial", tais atividades não podem ser qualificadas como serviços públicos e continuam regidas pelo direito privado, mesmo que de forma não exclusiva, na medida em que a Lei Fundamental impõe o dever de estarem adequadas às suas finalidades.

Ao lado deste universo avança um outro onde existe, a partir das novas formas de controle social sobre a atividade administrativa, as organizações não-governamentais, na qualidade de parceiras da Administração Pública, com vistas a atender de modo eficiente a prestação dos serviços públicos e dos serviços de relevância pública dirigidos ao cidadão, reconhecidos pelo ordenamento jurídico, mas que se diferenciam tanto dos serviços públicos por excelência, como das atividades econômicas em sentido estrito.

Como se vê, neste contexto, não é preciso rotular uma atividade como serviço público para que necessite da aplicação dos princípios e das garantias de regularidade, acessibilidade e continuidade. É o que acontece, por exemplo, com a necessidade de manutenção dos serviços privados essenciais, previstos no art. 10, da Lei nº 7.783/89, os quais devem ter a garantia de prestação mínima, inclusive no período do exercício do direito de greve.

Assim, cabe, neste momento, perguntar: qual o Estado ideal?

---

[78] MELLO. *Curso de direito administrativo*, p. 614-618.

Ora, quando se enfrenta as transformações pelas quais passa a noção de Estado no mundo contemporâneo, se vê que atinge feição peculiar, com a superação das formas que já pareciam definitivas. É evidente que todos querem um Estado mais eficiente, mais ágil, mais justo, com um melhor relacionamento com a sociedade, porém, sem perder de vista que ele existe como meio para que seja alcançado o bem comum, para que sejam atendidas as necessidades essenciais do povo, e que não existe só para alcançar sua grandeza.

O Brasil, nos dias atuais, se preocupa em viver novas experiências, em quebrar paradigmas, pela maior participação dos administrados na atuação da Administração Pública, no que tange ao cumprimento de sua obrigação, mas sempre com vistas ao seu atendimento e sob o seu intenso e direto controle.

Neste enfoque, para diminuir o tamanho do Estado e, consequentemente, o volume de recursos empregados para a realização de seus fins, se tem aperfeiçoado antigos modelos de cooperação, como os consórcios e convênios, e adotado novos instrumentos, tais como *os contratos de gestão*, que nada mais são do que acordos para a realização de programas da Administração Pública.

Capítulo 5

Organização administrativa

A Administração Pública, enquanto instrumento de realização do Estado moderno, assumiu, ao longo do evoluir da história, diversas formas de agir. Inicialmente, quando o Estado era absolutista, teve início a formação da Administração Pública que, naquele momento, se confundia com a vontade do rei e com a própria pessoa do soberano, sendo, portanto, caracterizada, nesta época, fortemente pelo patrimonialismo.

Cronologicamente, sucessor do Estado Absolutista foi o Estado Liberal, evidenciado pela organização de uma máquina administrativa que não mais visava atender os anseios do rei, mas sim às necessidades da população, muito embora tais satisfatividades fossem prestadas de modo mínimo, ou seja, a máquina administrativa somente se movimentava para prestar serviços muito peculiares. Neste mesmo sentido Vital Moreira expõe:

> Na representação liberal o Estado detinha o monopólio do público e a administração pública era a administração estadual. Estabelecer a fronteira entre o Estado e a sociedade era o mesmo que estabelecer a divisória entre a administração pública e os particulares. A administração pública relevava do Estado. Os particulares eram administrados, não podiam ser administração nem compartilhar dela...
>
> Na versão liberal teríamos o Estado mínimo e a sociedade civil máxima.[79]

Quando a burguesia começou a desenvolver o sistema capitalista, surge o modelo de Administração Burocrática que, no

---

[79] MOREIRA. *Administração autônoma e associações públicas*, p. 24.

dizer de Adriana da Costa Ricardo Schier, é a "maneira pela qual se deu a racionalização do poder público na esfera institucional. Traduz-se, assim, através de uma organização que tem por fundamento a superioridade puramente técnica sobre todos os demais tipos de organização".[80]

Inicialmente a administração burocrática se apresentou na forma centralizada, ou seja, todos os serviços prestados eram executados de forma direta pelo Estado. A impossibilidade da prestação e do controle de modo direto, com o advento do Estado Social, demonstrou a necessidade de consecução dos fins públicos mediante a descentralização.

Luciano Ferraz, quando trata da descentralização, cita entendimento de Forsthoff:

> Centralização significa então a aspiração de conservar dentro do possível as obrigações administrativas dentro da Administração estatal direta, uma vez que a descentralização tende claramente a entregá-las a órgãos autônomos da Administração, mesmo que sobre a inspeção do Estado.[81]

O Estado Social surge da mudança na concepção da Administração Pública ver os anseios da sociedade, pois em contraponto ao Estado Liberal, neste período, a prestação de atividades para suprir as necessidades da coletividade, se dá pela Administração Pública, isto é, a sociedade almeja inúmeras benfeitorias, as quais o Estado tem o dever de propiciar por meio da prestação de Serviços Públicos.

Importante anotar as considerações de Adriana da Costa Ricardo Schier sobre o assunto:

> O caráter intervencionista pode ser identificado, ainda, no aumento da gama de prestação de serviços públicos, como resposta à

---

[80] SCHIER. *A participação popular na Administração Pública*: o direito de reclamação, p. 91.

[81] "Centralización significa entonces a conservar en lo posible las obligaciones administrativas dentro de la administración estatal directa, mientras que la descentralización tiende claramente a entregarlas a órganos autónomos de la administración, aun cuando bajo la inspección del estado". (FERRAZ. *Controle da Administração Pública*, p. 37; FORSTHOFF. *Tratado de Derecho Administrativo*, p. 585).

crescente demanda social. A atuação positiva do Estado legitima-se, neste contexto, na medida em que se atribui a ele função de garantir a todos as mínimas condições de sobrevivência, o que se tinha mostrado impossível na conjuntura do Estado Liberal. O serviço público nesta dimensão, desponta como direito fundamenta, direcionado à concretização do princípio da dignidade humana.[82]

Na década de 70, com a crise do petróleo, o grande número de desempregados e o fim da Guerra Fria abalam o modelo de Estado Social operacionalizado pelo modelo burocrático que começa a ruir e, em seu lugar, surge a Administração Pública Gerencial, mecanismo previsto para solucionar a ineficiência na prestação dos serviços públicos, a diminuição da carga tributária e para dar mais e melhores condições de trabalho do que as apresentadas sob o regime anterior.

Nesta perspectiva surge a Administração Pública Gerencial que tem como atividade principal, no dizer de Ana Paula Rodrigues Silvano, as

> atividades exclusivas de Estado — aquelas em que o (poder de Estado) é imprescindível. Fazem parte desse setor do Estado, corroborando o caráter gerencial da nova Administração Pública, as agências executivas ou reguladoras. Estas se caracterizam como unidades descentralizadas responsáveis pela fiscalização e polícia, regulamentação, fomento da área social científica etc.[83]

Como se pode ver, o Estado deixa de prestar todas as atividades que possam satisfazer o interesse público e passa a prestar apenas algumas funções, mais circunscritas à concepção de regulação, do que à idéia de satisfação.

Deste modo, observa-se uma inevitável diminuição no tamanho do aparelho estatal, pois ao invés de ser como antes, satisfativo, passa a ser regulador e fomentador, o que não significa

---

[82] SCHIER. Administração Pública: apontamentos sobre os modelos de gestão e tendências atuais. In: GUIMARÃES (Coord.). Cenários do direito administrativo: estudos em homenagem ao professor Romeu Felipe Bacellar Filho, p. 35-36.
[83] SILVANO. Fundações públicas e Terceiro Setor, p. 61.

dizer que tal diminuição implicou no alcance da concepção de estado mínimo.

Diante desta nova concepção, o Estado deixa de oferecer os serviços antes prestados direta e indiretamente, não pela ausência de interesse público, mas porque transmite o seu desempenho a entidades desvinculadas do aparelho estatal.

Assim, surge no cenário estatal o Terceiro Setor, ou seja, entidades privadas sem finalidade lucrativa que, objetivando o bem da coletividade, prestam serviços de caráter ou interesse público.

Basicamente o Terceiro Setor é formado por fundações, associações e organizações (sociais e de interesse público), que não pertencem nem a administração direta, nem a administração indireta.

Note-se que, com a finalidade de dar solução aos problemas existentes no Estado Social, foi implantada a Administração Pública Gerencial e a criação de entidades privadas prestadoras de atividades de interesse público.

No Brasil a organização administrativa burocrática, somente tem regulamentação no que se refere à União, uma vez que sobre esta versa o Decreto-Lei nº 200, de 25 de fevereiro de 1967, no qual a organização federal é dividida em Administração Pública direta e indireta. Em vista da inexistência de norma reguladora no âmbito da Administração Pública Estadual e Municipal, o diploma enumerado para a União, passou a ser utilizado por analogia para aqueles, respeitando sempre, as semelhanças e diferenças que guardam entre si.

O Decreto-Lei nº 200, ao definir quais entidades se enquadrariam dentro da Administração direta e da indireta, se valeu, segundo Celso Antônio Bandeira de Mello, do critério orgânico ou subjetivo. A respeito do tema assim se manifestou o professor:

Percebe-se, pois, que o critério retor da classificação foi o orgânico, também chamado de subjetivo. Com efeito, foram relacionados à conta de entidades da Administração indireta quaisquer sujeitos havidos como unidades integrantes da Administração Federal, pelo só fato de comporem dito aparelho, independentemente da natureza substancial da atividade que se lhes considere própria e independentemente do regime jurídico que lhes corresponda (público ou parcialmente privado).[84]

Dispõem a respeito da administração direta da organização administrativa federal, a Lei nº 9.649 de 27 de maio de 1998, que, posteriormente, foi modificada pela Medida Provisória nº 2216-37, de 31 de agosto de 2001.

Quanto à Administração indireta, previu o Decreto-Lei nº 200 que esta é composta basicamente por autarquias, sociedades de economia mista, empresas públicas e fundações públicas.

Como produto da Reforma do Estado, iniciada pelo presidente Fernando Collor de Mello e concluída pelo presidente Fernando Henrique Cardoso, surge a criação das Organizações Sociais e das Organizações da Sociedade Civil de Interesse Público, entidades que prestam atividades de relevante interesse público, mas com personalidade de direito privado.

Sobre o assunto Celso Antônio Bandeira de Mello:

As "organizações sociais" e as "organizações da sociedade civil de interesse público", ressalte-se, não são pessoas da administração indireta, pois como além se esclarece, são organizações particulares alheias à estrutura governamental, mas com as quais o poder público (que as concebeu normativamente) se dispõem a manter parcerias — para usar uma expressão em voga — com a finalidade de desenvolver atividades valiosas para a coletividade e que são livres à atuação da iniciativa privada, conquanto algumas delas, quando exercidas pelo Estado, se constituem em serviços públicos.[85]

Portanto, as Organizações Sociais e as Organizações da Sociedade Civil de Interesse Público são entes integrantes do

---

[84] MELLO. *Curso de direito administrativo*, p. 137.
[85] MELLO. *Curso de direito administrativo*, p. 200.

Terceiro Setor, vale dizer, são entidades intermediárias que se localizam entre as públicas e as privadas.

A respeito da posição ocupada por tais entidades perante a organização estatal, se manifestou Sílvio Luís Ferreira da Rocha:

> O nome Terceiro Setor indica os entes que estão situados entre os setores empresarial e estatal. Os entes que integram o Terceiro Setor são entes privados, não vinculados à organização centralizada ou descentralizada da Administração Pública, mas que não almejam, entretanto, entre seus objetivos sociais, o lucro e que prestam serviços em áreas de relevante interesse social e público. De acordo com Boaventura de Souza Santos, o Terceiro Setor é formado por um "conjunto de organizações sociais que não são nem estatais nem mercantis, ou seja, organizações sociais que, por um lado, sendo privadas, não visam a fins lucrativos, e, por outro lado, sendo animadas por objetivos sociais, públicos ou coletivos, não são estatais".[86]

No presente trabalho apenas será objeto de análise, o controle efetuado sobre as Organizações Sociais, instituídas pela Lei nº 9.637, de 15 de maio de 1998, e para tanto, é preciso analisar alguns aspectos relevantes a respeito das Organizações Sociais e, inclusive, das Organizações da Sociedade Civil de Interesse Público.

---

[86] ROCHA. *Terceiro Setor.*

Capítulo 6

Organização Social

Sumário: 6.1 Conceito – **6.2** Atividades desempenhadas – **6.3** Qualificação – **6.4** Contrato de gestão – **6.4.1** Contratos de gestão com a Administração Pública – **6.4.2** Contratos de gestão e as Organizações Sociais – **6.4.3** Contratos de gestão e Termo de Parceria

6.1 Conceito

A Constituição Federal de 1988 nada dispôs a respeito das Organizações Sociais, sendo estas uma criação do legislador infraconstitucional, uma vez que foram instituídas, no Ordenamento Jurídico pátrio, pela Lei nº 9.637, de 15 de maio de 1998.[87]

Dispõe o art. 1º da Lei nº 9.637:

Art. 1º - O Poder Executivo poderá qualificar como organizações sociais pessoas jurídicas de direito privado, sem fins lucrativos, cujas atividades sejam dirigidas ao ensino, à pesquisa científica, ao desenvolvimento tecnológico, à proteção e preservação do meio ambiente, à cultura e à saúde, atendidos aos requisitos previstos nesta Lei.[88]

Lúcia Valle Figueiredo assim conceitua tais entidades:

As organizações sociais são pessoas jurídicas privadas, sem fins lucrativos, cujas atividades, no âmbito federal, são dirigidas ao ensino, à pesquisa científica, ao desenvolvimento tecnológico, à proteção e preservação do meio ambiente, à cultura e à saúde, atendidos os requisitos previstos na Lei nº 9.637/1998.[89]

Como se pode ver, para que uma pessoa jurídica de direito privado adquira a qualificação de Organização Social, é preciso

---

[87] MELLO. *Curso de direito administrativo*, p. 211; Histórico.
[88] BRASIL. Lei nº 9.637, de 15 de maio de 1998. Dispõe sobre a qualificação de entidades como organizações sociais, a criação do programa nacional de publicização, a extinção dos órgãos e entidades que menciona e a absorção de suas atividades por organizações sociais, e dá outras providências. *Diário Oficial da República Federativa do Brasil*, Poder Executivo, Brasília, DF, 18 maio 1998. Seção 1, p. 8.
[89] FIGUEIREDO. *Curso de direito administrativo*, p. 150.

que preencha os requisitos previstos no art. 1º da Lei nº 9.637. No entanto, salienta Celso Antônio Bandeira de Mello que, ademais destes, deverão ser observados ainda outros requisitos por ele denominados de substanciais, que estão expressamente previstos no art. 2º daquele diploma legal, ou seja:

São requisitos específicos para que as entidades privadas referidas no artigo anterior habilitem-se à qualificação como organização social:

I - comprovar o registro de seu ato constitutivo, dispondo sobre:

a) natureza social de seus objetivos relativos à respectiva área de atuação;

b) finalidade não-lucrativa, com a obrigatoriedade de investimento de seus excedentes financeiros no desenvolvimento das próprias atividades;

c) previsão expressa de a entidade ter, como órgãos de deliberação superior e de direção, um conselho de administração e uma diretoria definidos nos termos do estatuto, asseguradas àquele composição e atribuições normativas e de controle básicas previstas nesta Lei;

d) previsão de participação, no órgão colegiado de deliberação superior, de representantes do Poder Público e de membros da comunidade, de notória capacidade profissional e idoneidade moral;

e) composição e atribuições da diretoria;

f) obrigatoriedade de publicação anual, no Diário Oficial da União, dos relatórios financeiros e do relatório de execução do contrato de gestão;

g) no caso de associação civil, a aceitação de novos associados, na forma do estatuto;

h) proibição de distribuição de bens ou de parcela do patrimônio líquido em qualquer hipótese, inclusive em razão de desligamento, retirada ou falecimento de associado ou membro da entidade;

i) previsão de incorporação integral do patrimônio, dos legados ou das doações que lhe foram destinados, bem como dos excedentes financeiros decorrentes de suas atividades, em caso de extinção ou desqualificação, ao patrimônio de outra organização social qualificada no âmbito da União, da mesma área de atuação, ou ao patrimônio da União, dos Estados, do Distrito Federal ou dos Municípios, na proporção dos recursos e bens por estes alocados;

II - haver aprovação, quanto à conveniência e oportunidade de sua qualificação como organização social, do Ministro ou titular de órgão supervisor ou regulador da área de atividade correspondente ao seu objeto social e do Ministro de Estado da Administração Federal e Reforma do Estado.[90]

O Código Civil arrola exaustivamente as formas que podem ser assumidas pelas pessoas de direito privado, no entanto deve-se ressaltar que, dentre estas, apenas as Fundações e as Sociedades Civis não almejam lucros. Portanto, para que seja conferido o título de Organização Social a uma pessoa jurídica privada, tem esta necessariamente que ser constituída na forma de Fundação ou de Sociedade Civil, além de preencher os requisitos previstos na legislação específica[91] e se submeter a um juízo de conveniência e oportunidade realizado pelo Poder Executivo.

6.2 Atividades desempenhadas

O Ministério da Administração e Reforma do Estado ao apresentar, no Plano Diretor da Reforma do Aparelho do Estado, um novo modelo de instituição, qual seja, as Organizações Sociais, o fez com o escopo de instrumentalizar o movimento da publicização, necessário, na concepção governamental, para solucionar os problemas acarretados pelo Estado até então Burocrático.

De acordo com as informações prestadas pelo Ministério da Administração e Reforma do Estado a respeito da Reforma do Estado e das Organizações Sociais, publicização significa que um serviço não exclusivo do Estado poderá ter a sua execução absorvida por uma entidade membro do setor público não estatal, dentre estas, as Organizações Sociais.

---

[90] MELLO. *Curso de direito administrativo*, p. 212.
[91] BRASIL. Lei nº 9.637... *Diário Oficial da República Federativa do Brasil*, art. 1º e 2º.

O Plano Diretor da Reforma do Estado dispôs, ainda, sobre as atividades desempenhadas pelo Estado, no sentido de que deverão ser prestadas de acordo com as seguintes regras:

- O Núcleo Estratégico deve desempenhar as funções legislativas, executivas e judiciárias, além de definir as políticas públicas;

- As Atividades Exclusivas nada mais são que os serviços públicos cuja prestação compete exclusivamente ao Estado;

- Os serviços não exclusivos são aqueles que o Estado pode prestá-los, mas não em caráter exclusivo, uma vez que à iniciativa privada, também, é concedido o direito de desempenhá-los.

- Quando se fala na Produção de Bens e Serviços Para o Mercado, refere-se às atividades econômicas desempenhadas pelo Estado e pela Iniciativa privada em regime de concorrência.

Perante a divisão acima, pode-se ver que as Organizações Sociais, por possuírem personalidade de direito privado, e terem de desempenhar, por determinação legal, apenas atividades relacionadas ao ensino, à pesquisa científica, ao desenvolvimento tecnológico, à proteção e preservação do meio ambiente, à cultura e à saúde, enquadram-se na categoria de entidade não estatal prestadora de atividade que, quando a cargo do Estado, são denominadas serviços públicos não exclusivos.

Sílvio Luís Ferreira da Rocha assim se pronunciou sobre as atividades arroladas no art. 1° da Lei n° 9.637 a serem desempenhadas pelas Organizações Sociais:

> proibiu a concessão do título de organização social à pessoa jurídica que exerça atividade considerada socialmente relevante mas excluída do rol do *caput* do art. 1°, como a atividade desportiva, já que, como é sabido, a Administração está subordinada ao princípio da legalidade estrita, e só pode fazer aquilo que a lei permite ou determina.

Desta forma, a Administração não está autorizada a conceder o título de organização social a pessoa jurídica que exerça atividade socialmente relevante mas não compreendida no rol descrito no art. 1º, *caput*, da Lei nº 9.637, de 15.5.1998.[92]

No entanto, como se pode depreender da definição contida no *caput* do art. 1º, não basta para ser conferido o título de Organização Social pelo Poder Público a uma pessoa jurídica de direito privado, que esta desempenhe as finalidades arroladas no dispositivo citado, pois, ademais, estas devem ser desempenhadas sem a finalidade de lucro.

Significa dizer que: para que uma pessoa de direito privado consiga o título de Organização Social, precisa desempenhar uma das atividades arroladas no *caput* do art. 1º da Lei nº 9.637 de 1998, de forma a não almejar o lucro.

O fato destas entidades não visarem o lucro não significa que tenham de desenvolver suas atividades de modo gratuito, basta que os valores auferidos com as cobranças referentes às contrapartidas das atividades usufruídas, sejam aplicados integralmente para realizar a finalidade institucional. Esse entendimento se coaduna com o de Sílvio Luís Ferreira da Rocha quando trata da finalidade não lucrativa das pessoas jurídicas.

> Este requisito não impede que a candidata a tornar-se uma organização social obtenha lucro com suas atividades, mas exige que o lucro que venha a ser eventualmente auferido não seja distribuído a seus sócios ou associados, e sim reinvestido pela própria pessoa jurídica no desenvolvimento de seus objetivos sociais.[93]

6.3 Qualificação

Note-se, neste diapasão, que se uma pessoa de direito privado exerce, sem fins lucrativos, uma das atividades arroladas no art. 1º da Lei nº 9.637 de 1998, estará a cumprir os requisitos

---

[92] ROCHA. *Terceiro Setor*, p. 92.
[93] ROCHA. *Terceiro Setor*, p. 97.

essenciais para que lhe seja conferido o título de Organização Social. No entanto, como já visto anteriormente, apenas a existência destes não legitima a atribuição, pois, para tanto, indispensável, à conformação da entidade aspirante à titulação, os requisitos suplementares, previstos no art. 2º inciso I, do já citado diploma legal.

Solucionadas pela entidade as pendências dependentes de resolução, sua qualificação passará para uma fase subseqüente, na qual a pessoa jurídica pretendente nada mais poderá interferir, uma vez que a qualificação agora estará a cargo, única e exclusivamente, do Poder Público, nos termos do art. 2º inciso II, vale dizer:

> haver aprovação, quanto à conveniência e oportunidade de sua qualificação como organização social, do Ministro ou titular de órgão supervisor ou regulador da área de atividade correspondente ao seu objeto social e do Ministro de Estado da Administração Federal e Reforma do Estado.[94]

Imperioso esclarecer que o Ministério da Administração Federal e Reforma do Estado não existe mais, o que ensejou a remessa de seus afazeres à competência do novo Ministério do Planejamento, Orçamento e Gestão.

O ato que atesta a aprovação da qualificação de uma entidade como Organização Social, está condicionado à realização de um prévio juízo de conveniência e oportunidade. Assim, quando o Ministro ou Titular encarregado da supervisão ou regulação da atividade desempenhada concordar, com o Ministro do Planejamento, Orçamento e Gestão, em dar para determinada entidade o título de Organização Social, estar-se-á diante de um ato administrativo complexo e discricionário.

A Administração Pública no desempenho de seu agir típico, se vale de atos administrativos, que são distintos dos atos

---

[94] BRASIL. Lei nº 9.637... *Diário Oficial da República Federativa do Brasil*, art. 2º, inc. II.

normativos e jurisdicionais, pois conforme definição de Maria Sylvia Zanella Di Pietro, constituem a "declaração do Estado ou de quem o represente, que produz efeitos jurídicos imediatos, com observância da lei, sob o regime de direito público e sujeita a controle pelo Poder Judiciário".[95]

A Administração Pública, conforme prevê o *caput* do art. 37 da Constituição Federal, está obrigada a obedecer, dentre outros, o princípio da legalidade, o que significa dizer que ao produzir atos administrativos, devem estar em conformidade com a lei. No entanto, importante ressaltar que, nem sempre o dispositivo legal que autoriza a emissão do ato, disporá sobre todos os elementos consectários a ele.

Caso o ato emitido tenha, na Lei, seus elementos essenciais, estar-se-á diante de um ato denominado vinculado, sobre o qual a professora Maria Sylvia Zanella Di Pietro entende: "neste caso o poder da administração é vinculado, porque a lei não deixou opções; ela estabelece que diante de determinados requisitos, a administração deve agir de tal ou qual forma".[96]

Se, por algum motivo, a lei não estipular expressamente a respeito de todos os elementos essenciais para a produção do ato, se tratará de um ato administrativo discricionário. Ou seja, no dizer Maria Sylvia Zanella Di Pietro:

> Em outras hipóteses, o regramento não atinge todos os aspectos da atuação da administrativa; a lei deixa certa margem de liberdade de decisão diante do caso concreto de tal modo que a autoridade poderá optar por uma dentre várias soluções possíveis, todas válidas perante o direito.[97]

Das lições acima transcritas perceber-se que o Poder Público desempenha o seu agir por meio de atos administrativos que podem ser prolatados pelos agentes públicos de forma

---

[95] DI PIETRO. *Direito administrativo*, 8. ed., p. 162.
[96] DI PIETRO. *Direito administrativo*, 8. ed., p. 176.
[97] DI PIETRO. *Direito administrativo*, 8. ed., p. 176.

totalmente vinculada à lei, e de forma discricionária, quando a lei não dispuser sobre todos os requisitos indispensáveis à tomada de decisão.

Neste mesmo sentido é a manifestação de Celso Antônio Bandeira de Mello:

> Atos vinculados seriam aqueles em que, por existir prévia e objetiva tipificação legal do único possível comportamento da Administração em face de situação igualmente prevista em termos de objetividade absoluta, a Administração, ao expedi-los, não interfere com apreciação subjetiva alguma.
>
> Atos discricionários, pelo contrário, seriam os que a Administração pratica com certa margem de liberdade de avaliação ou decisão segundo critérios de conveniência e oportunidade formulados por ela mesma, ainda que adstrita à lei reguladora da expedição deles.
>
> Em suma: discricionariedade é a liberdade dentro da lei, nos termos da norma legal...[98]

Como se vê a atribuição da qualificação de Organização Social pelo Poder Público é um ato dotado de discricionariedade, o que não implica dizer que a atribuição será fruto da arbitrariedade. Muito pelo contrário, a margem de liberdade concedida pelo legislador ao agente público deve ser compreendida como o dever de analisar aspectos não previstos nos art. 1º e 2º da Lei nº 9.637/98, mas que, diante da análise do caso concreto, são relevantes para a produção do ato.[99]

Quanto a discricionariedade da atribuição do título de Organização Social, será posteriormente formulado comentário a respeito.

6.4 Contrato de gestão

Foi no direito francês que o Brasil buscou inspiração para adotar, na tentativa de modernizar a Administração Pública e

---

[98] MELLO. *Curso de direito administrativo*, p. 380; 382.
[99] Colocando entendimento de: FIGUEIREDO. *Curso de direito administrativo*, p. 151, §2º.

torná-la mais eficiente, os chamados contratos de gestão, e em que pese a importação do instrumento não acontecer com naturalidade, em face da rigidez de nosso sistema jurídico constitucional, não existe lugar para a flexibilização almejada em nosso campo administrativo estatal.

Tais contratos têm sido utilizados na França com diversas denominações, o que representa uma evolução sucessiva, e se Laubadère questiona sua natureza contratual, eles não foram utilizados apenas para estabelecer parceria com a iniciativa privada, mas também como veículo de ajustes entre a Administração Pública e as empresas estatais.

Segundo Maria Sylvia Zanella Di Pietro,

> A idéia básica é a de, por meio de contrato, levar a empresa a alcançar determinados objetivos fixados no contrato, coerentes com o Plano de Governo, e, em troca, assegurar maior autonomia para a empresa e, em conseqüência, facilitar e diminuir o controle sobre suas atividades. As atividades de **controle** e **direção**, que com muita freqüência se misturam nas formas tradicionais de tutela, ficam mais nitidamente separadas, já que a empresa ganha autonomia na gestão e a Administração Direta se limita a verificar se os resultados foram alcançados.[100]

A introdução dos contratos de gestão, em nosso sistema jurídico, foi feita pela Lei nº 8.246, de 22 de outubro de 1991, quando autorizou o Poder Executivo a instituir o Serviço Social Autônomo da Associação das Pioneiras Sociais com critérios para a avaliação dos resultados, supervisionados pelo Ministério, no caso o da saúde, e a fiscalização do Tribunal de Contas no que diz respeito à legalidade, legitimidade, operacionalidade e economicidade da aplicação do dinheiro e bens públicos, assegurando, ainda, os níveis de remuneração de pessoal, conforme os compatíveis com o mercado de trabalho, com sua contratação e administração sujeita ao regime da CLT, conforme prevê o art. 3º.

---

[100] DI PIETRO. *Parcerias na Administração Pública*, p. 255.

Porém, foi a Emenda Constitucional nº 19, de 4 de junho de 1998, que com a pretensão de implantar uma nova feição na Administração Pública, deu nova redação ao *caput* do art. 37 da Constituição Federal e incluiu, dentre os seus princípios informadores o da eficiência, além de dispor, no §8º, do mesmo art. 37, que a ampliação da autonomia gerencial, orçamentária e financeira dos órgãos e entidades da administração direta e indireta poderá ser feita por meio de contratos a serem firmados entre seus respectivos administradores e o Estado, os quais devem fixar metas de desempenho para o órgão ou entidades.

Esta nova Administração Pública pode executar suas funções pela gestão admitida de entidades privadas em atividades de interesse público, o que acontece por meio da parceria com entidades privadas, que se estabelecem mediante convênios ou contratos de gestão, nos moldes previstos pelo art. 5º da Lei nº 9.637, de 15 de maio de 1998, nos seguintes termos: "entende-se por Contrato de Gestão o instrumento firmado entre o Poder Público e a entidade qualificada como Organização Social, com vistas a formação de parecerias entre as partes para fomento e execução de atividades relativas às áreas relacionadas no art. 1º".[101]

Desta forma, foi autorizada a utilização dos contratos de gestão para ser firmado com vários tipos de entidades, estatais e não estatais.

É importante registrar que a expressão *Contrato de Gestão* é, no mínimo, infeliz, pois pode ser utilizada, em nosso sistema jurídico, para rotular instrumentos totalmente diferentes, ou seja: 1. para estabelecer parcerias entre órgãos e entidades da Administração direta e indireta e o próprio Poder Público; 2. para Administração Pública contratar com as chamadas Organizações Sociais, com vistas a realizar a gestão admitida de entidades privadas, em atividades de interesse público.

---

[101] BRASIL. Lei nº 9.637... *Diário Oficial da República Federativa do Brasil*, art. 5º.

Assim, os contratos de gestão, podem ser firmados entre:

1 sujeitos integrantes do aparelho administrativo do Estado;

2 as pessoas alheias ao Estado e seus órgãos, tanto da Administração Direta, como Indireta.

Como se vê, a denominação *Contrato de Gestão* é imprópria por não envolver prestações recíprocas, por não albergar interesses antagônicos a serem acordados entre as partes, mas ser, apenas, um acordo, um instrumento que propicia uma atuação conjunta para a realização de interesses comuns.

Gestão é uma expressão latina que significa o ato de gerir, administrar, gerenciar e é daí que surge a utilização da expressão, o que não significa ser correta sua expressão quando utilizada para designar aos contratos aqui tratados, pois as relações que se estabelecem entre os administradores e o Poder Público e entre o Estado e as Organizações Sociais, agências executivas e serviços sociais autônomos, não podem ser identificadas com a figura clássica que surge dos contratos, já que não consignam prestações recíprocas, decorrentes do sinalagma, que satisfazem interesses em separado, mas, ao contrário, no novo instrumento as partes ajustam prestações dirigidas à satisfação de um interesse público comum.[102]

A Constituição, ao prever os contratos de gestão, o faz no sentido do estabelecimento de um acordo de vontades que fixa metas de desempenho e obriga, reciprocamente, as partes a cumprirem prestações, as quais não podem ser alteradas ou extintas de forma unilateral, uma vez que o contrato possui traços de consensualidade e autoridade em seus termos. Portanto, conforme Diogo Figueiredo Moreira Neto, os contratos de gestão são, antes,

---

[102] O título de Agências Executivas é atribuível às autarquias e fundações integrantes da Administração Federal, que hajam celebrado Contrato de Gestão com o respectivo Ministério Supervisor e possuam um plano estratégico de reestruturação e desenvolvimento institucional, nos termos da Lei nº 9.649, de 27 de maio de 1998.

acordos programas, "são atos complexos destinados ao exercício negociado de competências de entidades públicas e de competências delegadas, com vistas a uma finalidade comum a todos os pactuantes".[103]

Como já tivemos oportunidade de afirmar, é preciso analisar os impropriamente denominados contratos de gestão, nos termos do §8º, do art. 37 da Constituição Federal, quando envolvem, de um lado os administradores de órgãos e entidades da administração direta e indireta e de outro o próprio Poder Público, visando à realização de programas específicos da Administração Pública e a ampliação da autonomia gerencial, orçamentária e financeira dos órgãos e entidades da administração direta e indireta, as quais, conforme determina o citado artigo, dependem de lei para dispor sobre o prazo de duração, controle e critérios de avaliação de desempenho, direitos, obrigações e responsabilidade dos dirigentes e remuneração de pessoal.[104]

6.4.1 Contratos de gestão com a Administração Pública

Ao analisar a possibilidade de ampliação da autonomia gerencial, orçamentária e financeira dos órgãos e entidades da administração direta e indireta, é impossível deixar de concordar com Celso Antônio Bandeira de Mello quando assegura a impossibilidade da existência de contratos entre os órgãos da Administração Direta, pois

> a "vontade" e a ação dos órgãos são a própria vontade e ação de seus agentes (dos administradores e subalternos), que o Direito *imputa diretamente ao Estado*. Logo, quando um administrador público *agindo nesta qualidade*, contrata algo, quem está contratando é o próprio Estado, *manifestando-se por um de seus órgãos* (...) Logo, para que dois administradores, isto é, duas pessoas, se relacionassem contratualmente seria necessário que estivessem agindo *fora da*

---

[103] MOREIRA NETO. *Apontamentos sobre a reforma administrativa*, p. 27.
[104] FERRARI. *Direito Municipal*, p. 218.

CONTROLE DAS ORGANIZAÇÕES SOCIAIS | 73

qualidade de administradores. Mas, se assim fosse, *não estariam vinculando os órgãos, ou seja, não poderiam estabelecer quaisquer programas ou metas de ação a serem por um deles cumpridas,* pois é claro que, se estivessem agido em nome pessoal (e não em nome do órgão), haveria uma relação privada entre dois sujeitos.[105]

Outro não é o pensamento de Maria Sylvia Zanella Di Pietro quando afirma que a outorga de maior autonomia de gestão, em decorrência dos termos de um Contrato de Gestão firmado entre órgão da Administração Pública, não é possível diante do direito positivo brasileiro, na medida em que não se pode descumprir normas legais e os preceitos da própria Constituição.[106]

Como os órgãos da Administração direta não são dotados de personalidade jurídica, mas atuam em nome da pessoa jurídica em que estão integrados, os dois signatários do ajuste estarão representando exatamente a mesma pessoa jurídica. E não se pode admitir que essa mesma pessoa tenha interesses contrapostos definidos por diversos órgãos.[107]

Do mesmo modo, quando se trata de contratos de gestão firmados entre entidades da Administração indireta e o Poder Público, não se pode, também, identificar a existência de interesses contrapostos, pois é inconcebível que os interesses da Administração direta e indireta sejam diversos. Assim, o que se encontra, efetivamente, são ajustes próprios dos convênios, os quais

> são atos administrativos complexos, através dos quais, uma entidade pública acorda com outra entidade, pública ou privada, o desempenho, por cooperação ou colaboração, de atividades dirigidas para um mesmo ponto, com o fim de satisfação de um interesse público, cuja competência e responsabilidade administrativa cabe à entidade pública ou às entidades públicas convenentes.[108]

Fora do campo da Administração Pública direta e indireta, o direito positivo prevê a possibilidade do Poder Público firmar,

---

[105] MELLO. *Curso de direito administrativo*, p. 210.
[106] DI PIETRO. *Parcerias na Administração Pública*, p. 260.
[107] DI PIETRO. *Parcerias na Administração Pública*, p. 263.
[108] FERRARI. *Direito municipal*, p. 218.

por meio dos contratos de gestão, ajustes com instituições não governamentais, qualificadas como Organizações Sociais, nos termos da Lei nº 9.637/98.

6.4.2 Contratos de gestão e as Organizações Sociais

Uma vez conferido o título de Organização Social, tem esta a possibilidade, se assim o desejar, de firmar, com a Administração Pública, Contrato de Gestão.

Nos termos do art. 5º da Lei nº 9.637/98, Contrato de Gestão é "o instrumento firmado entre o Poder Público e a entidade qualificada como Organização Social, com vistas à formação de parceria entre as partes para fomento e execução de atividades relativas às áreas relacionadas no art. 1º".[109] Como já dito anteriormente, com a Emenda Constitucional nº 19/98, foi introduzida, no Estado brasileiro, a reforma administrativa que, por meio do Plano Diretor da Reforma do Aparelho do Estado, distinguiu quatro setores estatais distintos, cada um deles competente para executar uma gama de atividades.

Quando o Poder Público não tem a obrigação de prestar determinada atividade de forma exclusiva, esta pode ser desempenhada por entidade privada, como no caso das Organizações Sociais que assim procederão por meio de um Contrato de Gestão.

No entanto, cabe ressaltar que a titulação de Organização Social é concedida pela própria Administração, o que, inevitavelmente, leva a constatação de que, eventualmente, poderão existir várias entidades, capacitadas para firmar Contrato de Gestão, desempenhando a mesma atividade.

---

[109] Art. 1º: "O Poder Executivo poderá qualificar como organizações sociais pessoas jurídicas de direito privado, sem fins lucrativos, cujas atividades sejam dirigidas ao ensino, à pesquisa científica, ao desenvolvimento tecnológico, à proteção e preservação do meio ambiente, à cultura e à saúde, atendidos aos requisitos previstos nesta Lei". (BRASIL. Lei nº 9.637..., art. 1º).

Diante desta pluralidade, cabe a indagação: em tendo a Administração Pública que obedecer aos princípios contidos no art. 37 da Constituição Federal, como deverá proceder na escolha de uma Organização Social para contratar, quando houver várias desempenhando a mesma atividade?

Cabe, antes de tudo, trazer à baila a determinação contida no inciso XXIV, do art. 24, da Lei nº 8.666/93, quando dispõe:

> É dispensável a licitação:
> XXIV - para a celebração de contratos de prestação de serviços com as Organizações Sociais, qualificadas no âmbito das respectivas esferas de governo, para atividades contempladas no contrato de gestão (Incluído pela Lei nº 9.648, de 1998).

Os preceitos normativos acima citados, direcionam o agir da Administração de modo antagônico, ou seja, enquanto a Constituição Federal, manda que a Administração Pública obedeça ao princípio da igualdade e da indisponibilidade do interesse público e, por conseqüência, indica a realização de licitação para a escolha de Organização Social, a Lei nº 8.666/93 estabelece a possibilidade de dispensa do procedimento.

Como o ordenamento jurídico brasileiro é sistematizado, quer dizer, tem como Lei Fundamental a Constituição da República e nesta todas as leis devem buscar seu fundamento de validade, o disposto no inciso XXIV, do art. 24 da Lei nº 8.666/93, deve ser interpretado conforme a Constituição, o que significa para professor Marçal Justen Filho que deve ser feito um processo objetivo de seleção dos interessados em firmar o Contrato de Gestão, que é, na verdade, um contrato normativo, já os contratos instrumentais deste decorrentes, desde que previstos no termo que os ensejou, se enquadram no art. 24 da Lei nº 8.666, o que significa dizer que, sobre estes há a dispensa de licitação.[110]

---

[110] JUSTEN FILHO. *Comentários à lei de licitações e contratos administrativos*, 1999, p. 37.

Já a professora Regina Maria Macedo Nery Ferrari entende que sempre "a verificação deve se realizar no curso de um processo licitatório que propiciará, além do respeito aos princípios que regem a Administração Pública, a escolha da associação que apresente melhores condições para atender o interesse público".[111]

Neste mesmo sentido foi a opinião de Sílvio Luís Ferreira Rocha quando dispôs:

> Certos procedimentos prévios devem ser observados na elaboração do contrato de gestão. O procedimento licitatório configura um antecedente lógico e necessário do contrato administrativo com vistas a proporcionar ao Poder Público a oportunidade de realizar para si o negócio mais vantajoso e, ao mesmo tempo, assegurar aos administrados a possibilidade de disputarem o direito de contratar com o Estado.[112]

Assim, conclui-se que, para a assinatura de Contrato de Gestão é indispensável a realização de prévio procedimento licitatório, visto que a Administração Pública, não possui capacidade de dispor do interesse público ao seu talante.

No que se refere propriamente ao Contrato de Gestão, pode-se dizer que é um termo firmado entre a Administração Pública e a Organização Social, no qual as partes deixarão consignadas, expressamente, as obrigações que competem a cada qual, com a finalidade de ver executadas atividades relacionadas ao ensino, à pesquisa científica, ao desenvolvimento tecnológico, à proteção e preservação do meio ambiente, à cultura e à saúde e para tanto, o Estado pode destinar recursos orçamentários, bens e servidores públicos.

Indispensável a presença, no termo firmado, do programa de trabalho a ser realizado pela Organização Social com os prazos e metas a serem observados, os modos de avaliação da contratada,

---

[111] FERRARI. *Direito municipal.*
[112] ROCHA. *Terceiro Setor*, p. 122.

além das demais disposições contidas nas seções III e IV da Lei nº 9.637/98.

Como se pode depreender da análise da legislação citada, ocorrerá a correta execução dos contratos de gestão, quando as atividades, arroladas no art. 1º da legislação específica, forem desenvolvidas de modo a atingir, no prazo estipulado, as metas indicadas no programa de trabalho.

Caso isto não ocorra, deverá a Administração Pública, no dizer de Silvio Luiz Ferreira da Rocha:

- orientar o cumprimento dos objetivos;
- intervir na instituição mediante autorização judicial quando se apresentarem situações graves e excepcionais;
- impedir a execução do contrato quando os objetivos não estiverem sendo adimplidos conforme o previsto no contrato;[113]

6.4.3 Contratos de gestão e Termo de Parceria

A Lei nº 9.730, de 23 de março de 1999, ao dispor sobre a qualificação de pessoas jurídicas de direito privado, sem fins lucrativos, como Organizações da Sociedade Civil de Interesse Público, instituiu, em seu art. 9º, o Termo de Parceria como o instrumento a ser firmado entre o Poder Público e as entidades assim qualificadas, para formar vínculo de cooperação entre as partes, visando o fomento e a execução das atividades de interesse público, previstas no art. 3º da referida Lei.

Isto posto, cabe perguntar: Contrato de Gestão e Termo de Parceria são institutos idênticos, se consideramos que tanto as Organizações Sociais como as Organizações da Sociedade Civil de Interesse Público são instrumentos que visam alcançar maior eficiência na execução de atividades de interesse público?

---

[113] ROCHA. *Terceiro Setor*, p. 130.

É verdade que se assemelham, tendo em vista o vínculo produzido por um e outro instrumento, porém, apresentam diferenças. O Termo de Parceria não tem, necessariamente, natureza contratual e pode se assemelhar aos convênios celebrados entre o Poder Público e entidades privadas, para instrumentalizar o fomento, porém, tal característica, não impede que o vínculo decorra, também, de um instrumento contratual, que, como o Contrato de Gestão, deve estar sujeito às normas que disciplinam aos demais contratos administrativos.

Tal afirmativa equivale dizer que os vínculos de parceria firmados entre o Poder Público e as Organizações Sociais, para fomentar a execução de atividades de interesse público, previstas no art. 1º da Lei nº 9.637/98, decorrem da celebração de um Contrato de Gestão, nos termos do art. 5º da referida Lei nº 9.637/98.

Não obstante, o Termo de Parceria, como instrumento passível de ser firmado entre o Poder Público e as Organizações da Sociedade Civil de Interesse Público, para o fomento e a execução das atividades de interesse público previstas no art. 3º da Lei nº 9.790/99, não necessita da natureza contratual, podendo assumir a forma de um convênio. Vale dizer, o instrumento, legalmente previsto, não exige, para sua formalização, a existência de interesses contrapostos, que se casam para um objetivo comum, como acontece no bojo de um contrato, mas, tal possibilidade não está proibida pelo art. 9º, da citada Lei. A única exigência, consignada no art. 10, não parece excluir a possibilidade aventada, pois determina, apenas, que o Termo de Parceria deve ser firmado de comum acordo entre o Poder Público e as Organizações da Sociedade Civil de Interesse Público.

Tal entendimento é corroborado por Marçal Justen Filho, quando considera que os termos de parceria podem comportar *inúmeras figuras jurídicas, dependendo do caso concreto*.[114]

---

[114] JUSTEN FILHO. *Curso de direito administrativo*, p. 134, 136; JUSTEN FILHO. *Comentários à lei de licitações e contratos administrativos*, 9. ed., p. 37.

Porém, conforme salienta Maria Sylvia Zanella Di Pietro,

Da mesma forma que o contrato de gestão celebrado com a organização social, o termo de parceria com as entidades qualificadas como organizações da sociedade civil de interesse público restringe a autonomia da entidade que, por receber diferentes tipos de ajuda, fica sujeita ao controle de resultados pelo Poder Público, além do controle pelo Tribunal de Contas, na medida em que administre bens ou valores de natureza pública.[115]

---

[115] DI PIETRO. *Parcerias na Administração Pública*, p. 273.

Capítulo 7

Organizações da Sociedade Civil de Interesse Público

Só para melhor ilustrar a análise e ponderações aqui expostas sobre as Organizações Sociais, registra-se, dentro do que se convencionou chamar de Reforma do Estado, ou seja, da alteração dos instrumentos de governo e de administração pública para alcançar maior eficácia no trato da coisa pública, a introdução de novos institutos no direito positivo, quando a Lei nº 9.790, de 23 de março de 1999, criou as Organizações da Sociedade Civil de Interesse Público, as quais não integram a Administração Indireta, pois

> são organizações particulares alheias à estrutura governamental, mas com as quais o Poder Público (que as concebeu normativamente) se dispõe a manter "parcerias" — para usar uma expressão em voga — com a finalidade de desenvolver atividades valiosas para a coletividade e que são livres à atuação da iniciativa privada, conquanto algumas delas, quando exercidas pelo Estado, se constituam em serviços públicos.[116]

Tal como acontece com as Organizações Sociais, a qualificação de Organização da Sociedade Civil de Interesse Público é título atribuído, nos termos do art. 3º da Lei nº 9.790/99, para as pessoas jurídicas de direito privado, sem fins lucrativos, com a finalidade de firmar Termo de Parceria com o Poder Público para desenvolver atividades ligadas a assistência social; promoção da cultura, defesa e conservação do patrimônio histórico e artístico;

---

[116] MELLO. *Curso de direito administrativo*, p. 200.

promoção gratuita da educação, da saúde e da segurança alimentar, do voluntariado, do combate à pobreza, da defesa do meio ambiente e do desenvolvimento sustentável, da ética, da paz e da cidadania, dos direitos humanos, da democracia e de outros valores universais, bem como a efetivação de estudos e pesquisas para a ampliação de tecnologias alternativas voltadas para a produção e divulgação de informações e conhecimentos técnicos e científicos, para a promoção de direitos estabelecidos e a construção de novos, além da assessoria jurídica gratuita de interesses suplementares.

Analisando o campo de atuação das Organizações da Sociedade Civil de Interesse Público se encontra semelhança com aquele reservado para atuação das Organizações Sociais, portanto, é preciso buscar diferenças entre elas para que não se confundam, ou mais, para que não levem a desnecessidade de sua existência.

Desta forma se vê que, enquanto a concessão do título de Organização Social é uma atividade discricionária, a atribuição do qualificativo Organização de Sociedade Civil de Interesse Público é vinculada e concedida para os sujeitos que preencham os requisitos legalmente indicados, não sendo admitida a imputação às sociedades comerciais em geral, inclusive para as que comercializam planos de saúde, instituições hospitalares privadas e escolas dedicadas ao ensino fundamental, mas não gratuitas e suas mantenedoras; aos sindicatos, associações de classe ou de representação de categoria profissional; às instituições religiosas; às Organizações Sociais; às cooperativas; às fundações públicas e privadas, às associações de direito privado criadas por órgãos público e às organizações creditícias que tenham vinculação com o sistema financeiro nacional.

Para a obtenção da qualificação, a pessoa jurídica de direito privado deve habilitar-se perante o Ministério de Justiça, titulação esta que pode ser retirada a pedido ou mediante decisão proferida em processo administrativo, no qual será assegurada a ampla defesa e o contraditório, conforme reza o art. 7º da citada lei. Porém, diferentemente do que acontece com relação às Organizações Sociais que ao receberem este título já são declaradas como entidades de interesse social e de utilidade pública, estas, ao serem tituladas, não são assim, também, consideradas.

O que ocorre em relação às Organizações Sociais, no que tange às parcerias firmadas com o Poder Público, é que este, a partir de então, exerce apenas a atividade de fomento, vale dizer, de incentivo à iniciativa privada de interesse público, o que significa que deve ajudar e incentivar o exercício de atividades que atendam a necessidades coletivas, mas que não possuem natureza de serviço público.

A associação da Organização da Sociedade Civil de Interesse Público com a Administração Pública para a formar vínculo de cooperação entre as partes e fomentar a execução das atividades de interesse público, previstas no art. 3º da Lei nº 9.790/99, se dá por meio do Termo de Parceria, o qual deve discriminar direitos, responsabilidades e obrigações das partes signatárias, inclusive o programa a ser cumprido, as metas e os prazos, a serem fiscalizados pelo órgão público da área correspondente à sua atuação, em cada nível de governo.

Como bem observa Sílvio Luís Ferreira da Rocha, "A parceria é facultativa. O Estado pode ou não firmar a parceria" e, para corroborar tal entendimento cita José Eduardo Sabo Paes quando diz que a qualificação como OSCIP[117] não significa, necessariamente que será firmado um termo de parceria com órgãos governamentais "e, portanto, receber recursos públicos".[118] A parceria só será assinada e efetivada quando houver interesse estatal na realização de projetos com a OSCIP, após a verificação

---

[117] OSCIP é a forma de, sinteticamente, denominar as Organizações da Sociedade Civil de Interesse Público.
[118] ROCHA. *Terceiro Setor*, p. 77.

de seu regular funcionamento, nos termos do art. 9º do Decreto nº 3.100/99.

O Poder Público não participa de seus quadros diretivos, mas, em virtude da ajuda de diferentes tipos que dele pode receber, fica sujeita não só ao controle de resultados, mas, também, se submete ao controle do Tribunal de Conta ao administrar bens ou valores de natureza pública.

Analisando o fato da Lei não prever as formas de fomento ou cooperação entre o Poder Público e a entidade, Maria Sylvia Zanella Di Pietro conclui que

> embora haja pontos em comum entre as organizações sociais e as organizações da sociedade civil de interesse público, o objetivo é diverso nos dois casos: nas primeiras, o intuito evidente é o de que elas assumam determinadas atividades hoje desempenhadas, como serviços públicos, por entidades da Administração Pública, resultando na extinção destas últimas. Nas segundas, essa intenção não existe, pois a qualificação da entidade como organização da sociedade civil de interesse público não afeta em nada a existência ou as atribuições de entidades ou órgãos integrantes da Administração Pública.[119]

Isto posto, o universo de atuação dessas duas entidades, também não é o mesmo. Se no caso da Organização da Sociedade Civil de Interesse Público a atividade desempenhada é mais ampla, as Organizações Sociais só podem trabalhar no âmbito do ensino, pesquisa científica, desenvolvimento tecnológico, proteção e preservação do meio ambiente, cultura e saúde.

José Maria Pinheiro Madeira pondera que "o sistema proposto para as OSCIP é mais eficiente para fomentar as parcerias na Administração, pois o Estado não está extinguindo uma entidade pública para que seja administrada por particulares, mas, realmente, incentivando a criação de entes intermediários por parte da sociedade".[120]

---

[119] DI PIETRO. *Parcerias na Administração Pública*, p. 272.
[120] MADEIRA. *Administração Pública centralizada e descentralizada*, p. 456.

O que se têm visto, com habitualidade, é que a qualificação da entidade como Organização da Sociedade Civil de Interesse, da mesma forma do que acontece com as Organizações Sociais, pode propiciar a fuga do regime jurídico administrativo, o escape do concurso público e, ainda, a prática de terceirizações ilícitas. E isto, em que pese Gustavo Justino de Oliveira e Fernando Borges Mânica afirmarem que as Organizações da Sociedade Civil de Interesse Público devem atuar de forma distinta do Poder Público. "Afinal, o termo de parceria é instrumento criado para que entidades do terceiro setor recebam incentivos para atuar ao lado do ente público, de maneira distinta dele, e não para que substitua tal ente, fazendo as vezes do Poder Público".[121]

Considerando a federação brasileira, Estados, Municípios e Distrito Federal, também podem criar, tanto Organizações Sociais como Organizações da Sociedade Civil de Interesse Público, desde que, em seu âmbito de atuação, exista prévia previsão legal. Isto porque a legislação federal, as leis n° 9.637/98 e n° 9.790/99, só se aplicam à Administração Pública Federal e não serve de suporte para qualificar, como tais, pessoas jurídicas de direito privado, na esfera estadual, municipal e distrital.

É importante registrar, que o art. 14, da Lei n° 9.790/99 ao disciplinar a vida das OSCIP, estabelece a sua obrigatoriedade de realizar licitação para contratar, quando houver o emprego de recursos provenientes do Poder Público, observados os princípios da legalidade, impessoalidade, moralidade, publicidade, economicidade e eficiência. Neste sentido, o Decreto n° 5.504/05 estabelece que o Termo de Parceria, quando envolve repasse de recursos da União, deve conter cláusulas que determinem a obediência do processo licitatório previsto na Lei n° 8.666/93 e que, para a contratação de bens e serviços comuns, seja utilizado o pregão, preferencialmente eletrônico, nos termos da Lei n° 10.520/02.

---

[121] OLIVEIRA; MÂNICA. Organizações da Sociedade Civil de Interesse Público: termo de parcerias e licitação. *Fórum Administrativo – Direito Público*, p. 5225-5237.

Capítulo 8

Controle da Administração Pública

Sumário: 8.1 Conceito de controle – **8.2** Controle interno – **8.3** Controle externo – **8.3.1** Controle parlamentar da Administração Pública – **8.4** O controle da Administração Pública pelo Tribunal de Contas – **8.5** Controle jurisdicional da Administração Pública – **8.5.1** *Habeas corpus* – **8.5.2** Mandado de Segurança – **8.5.2.1** Mandado de Segurança Coletivo – **8.5.3** Mandado de Injunção – **8.5.4** Ação popular – **8.5.5** *Habeas data* – **8.5.6** Ação civil pública – **8.6** Controle social

8.1 Conceito de controle

O presente capítulo tem por escopo a análise dos mecanismos disponibilizados pela Constituição Federal Brasileira para a fiscalização da Administração Pública, e isto independe da forma de agir adotada pelo Estado, ou seja, se atua conforme o modelo Burocrático ou Gerencial. A máxima "todo aquele que atua em nome do outro deve prestar contas de sua atuação" tem que ser colocada em prática.

O professor Roberto Dromi ao aventar o controle realizado sobre as condutas praticadas pela Administração Pública, ensina que "no hay responsabilidad sin control, ni derecho sin proteccíon".[122]

Indispensável, para atingir o objetivo proposto, delimitar o que se compreende pela expressão "controle". Para tanto, vale-se dos ensinamentos da professora Odete Medauar quando afirma que o "controle da Administração Pública é a verificação da conformidade da atuação desta a um cânone, possibilitando ao agente controlador a adoção de medidas ou propostas em decorrência do juízo formado".[123]

---

[122] DROMI. *El Derecho Público en la Modernidad*, p. 350.
[123] MEDAUAR. *Controle da Administração Pública*, p. 22.

Quando a Administração Pública é submetida a controle, significa que, inicialmente o seu agir será analisado sob a perspectiva da legalidade, ou seja, se verificará se há subsunção entre a norma reguladora e a conduta regulada. Este procedimento de revisão enseja uma ponderação, que pode ser no sentido da adequação da conduta a norma, o que garantirá a eficácia da atividade/ato, ou no sentido da inadequação do comportamento a norma, o que ensejará a negativa dos efeitos produzidos pela atuação do Poder Público.

Em sendo o agir administrativo legal, o órgão controlador deve indicar uma medida no sentido da sua aprovação, no entanto, caso seja contrário à disposição Legal, deve ser emitida uma medida no sentido da sua anulação.

Como será visto mais pormenorizadamente adiante, o controle não se resume à constatação da legalidade do agir administrativo. Para que uma Atividade Administrativa adquira feição de regular, esta deve ser analisada, ainda, quanto ao seu mérito e aos seus aspectos financeiros.

A classificação dos tipos de controle que podem ser realizados sobre a Administração Pública, tem maior importância didática do que propriamente doutrinária.

O professor Romeu Felipe Bacellar Filho dispôs a cerca do tema, dizendo:

> Ora, se por um lado a doutrina é uníssona quanto à importância dos mecanismos de controle das atividades do poder Público, por outro, não há qualquer uniformidade no tratamento do tema, principalmente no que se refere à sua taxonomia, seja em âmbito nacional, seja em âmbito estrangeiro.[124]

Como se pode ver, a tipologia dos controles varia de autor para autor, muito embora algumas espécies de fiscalização estejam

---

[124] BACELLAR FILHO. *Direito administrativo*, p. 202.

presentes na maior parte das construções teóricas, como por exemplo, as concepções de controle externo, interno, posterior, concomitante, hierárquico etc.

Diante da impossibilidade deste estudo discorrer sobre a enorme diversidade de espécies de controles disponibilizada no mundo doutrinário, neste trabalho serão avaliados apenas os tipos de vistoria previstos na Constituição Federal de 1988.

8.2 Controle interno

A Lei Magna de 1988 faz, pela primeira vez, menção ao controle da Administração Pública, no art. 31, quando prevê, expressamente, a existência do controle externo e do controle interno ao reconhecer que "a fiscalização do Município será exercida pelo Poder Legislativo Municipal, mediante controle externo, e pelos sistemas de controle interno do Poder Executivo Municipal, na forma da lei". Muito embora aquele tenha sido mencionado antes deste, por uma questão eminentemente metodológica, a fiscalização da administração no âmbito interno será apreciada por primeiro.

A Constituição de 1988 dispôs especificamente a respeito do controle interno, no art. 74, onde deixou expressamente consignado que "os Poderes Legislativo, Executivo e Judiciário manterão, de forma integrada, sistema de controle interno (...)",[125] assim, as três funções que o poder pode assumir, quando desempenham suas atividades administrativas, tem de se submeter a esta espécie de fiscalização.

Muito embora, no tópico anterior já tenha sido estudado o conceito de controle, este adquire duas acepções distintas quando a Administração exerce a fiscalização sobre si mesma.

---

[125] BRASIL. *Constituição*, art. 74.

A professora Odete Medauar conceituou controle interno da seguinte forma: "Mais adequado seria dizer que o controle interno da Administração Pública é a fiscalização que a mesma exerce sobre os atos e atividades de seus órgãos e das entidades descentralizadas que lhe estão vinculadas".[126]

Já o professor Romeu Felipe Bacellar Filho entendeu o controle interno como "aquele que é executado pelos próprios órgãos da Administração Pública, no exercício do poder hierárquico e nos termos definidos em lei".[127]

Por ser, o controle interno, a primeira modalidade a incidir sobre a conduta administrativa, tem, basicamente, a finalidade de apontar os problemas que o agir público possui, ademais, importante advertir que esta fiscalização tem o condão eminentemente opinativo, e não vinculativo.[128]

Diante do exposto, note-se que, dentro do âmbito do controle interno, podem ser identificadas diversas formas de proceder, que serão, nada mais que modalidades daquele.

A primeira modalidade, na qual se identifica o exercício do controle interno é o autocontrole.

Para professora Odete Medauar o autocontrole é a fiscalização exercida pela própria autoridade, que editou o ato ou que praticou conduta, sobre sua atuação, mediante provocação recursal ou ex-ofício.[129]

Como se vê, há uma atuação previamente consumada pela Administração Pública, no sentido de que, um ato já foi emitido ou uma conduta já foi executada, para, só então, ser possível a revisão pela autoridade dos seus próprios atos.

---

[126] MEDAUAR. *Controle da Administração Pública*, p. 40.
[127] BACELLAR FILHO. *Direito administrativo*, p. 203.
[128] CITADINI. *O controle externo da Administração Pública*, p. 89.
[129] MEDAUAR. *Controle da Administração Pública*, p. 43.

Quando a reapreciação do agir administrativo se dá espontaneamente pela autoridade que o praticou, ocorre o controle interno ex-ofício, ou seja, há uma verificação, pela própria autoridade executora, sobre a ilegalidade, inoportunidade e inconveniência, de sua conduta.

Dispõe a Súmula 473 do Supremo Tribunal Federal aprovada em 3.10.1969 que "a administração pode anular seus próprios atos, quando eivados de vícios que os tornam ilegais, porque deles não se originam direitos; ou revogá-los, por motivo de conveniência ou oportunidade, respeitados os direitos adquiridos, e ressalvada, em todos os casos, a apreciação judicial", por sua vez, o art. 54 da Lei nº 9.784, de 29 de janeiro de 1999, dispôs, em sentido complementar, que "o direito da administração de anular os atos administrativos de que decorram efeitos favoráveis para os destinatários decai em 5 anos contados da data em que foram praticados, salvo comprovada má-fé".

O autocontrole pode ser principiado de ofício, pelo próprio órgão controlado, como na abertura de um processo administrativo disciplinar, ou pela provocação de qualquer pessoa que, com a medida administrativa, sinta seus direitos ou interesses prejudicados.

A alínea *a*, do inciso XXXIV, do art. 5º da Constituição Federal prevê que "são a todos assegurados, independentemente do pagamento de taxas: o direito de petição aos Poderes Públicos em defesa de direitos ou contra ilegalidade ou abuso de poder", [130] o qual, no dizer de José Afonso da Silva, não pode ser destituído de eficácia, o que significa dizer que "não pode a autoridade a quem é dirigido escusar pronunciar-se sobre a petição, quer para acolhê-la que para desacolhê-la com a devida motivação" e isto apesar da Constituição não prever sanção para a

---

[130] BRASIL. *Constituição*, art. 5º, inc. XXXIV, alínea *a*.

falta de resposta e pronunciamento da autoridade, "mas parece-nos certo que ela pode ser constrangida a isso por via do Mandado de Segurança", quer quando se negue expressamente, quer quando se omite.[131]

Neste caso deve o pedido ser apresentado sob a forma de *representação*, de *reclamação administrativa*, do *pedido de reconsideração* ou dos *recursos hierárquicos*.

A *representação* se resume na denúncia de irregularidades feita perante a Administração e está disciplinada pela Lei nº 4.898, de 9 de dezembro de 1965, além da própria Lei Fundamental, no art. 74, §2º, estabelecer que "qualquer cidadão, partido político, associação ou sindicato é parte legítima para, na forma da lei, denunciar irregularidades ou ilegalidades perante o Tribunal de Contas da União".[132] Desta forma, tal possibilidade se reforça pelo contido no §1º do citado artigo, quando diz que "os responsáveis pelo controle interno, ao tomarem conhecimento de qualquer irregularidade ou ilegalidade, dela darão ciência ao Tribunal de Contas da União, sob pena de responsabilidade solidária".[133]

A decisão sobre apurar ou não as irregularidades denunciadas, não pode depender de um juízo discricionário do administrador, este "tem o **poder dever** de averiguar e punir os responsáveis em decorrência da sua sujeição ao princípio da legalidade, ao qual não pode fazer sobrepor simples razões de oportunidade".[134]

Quando se fala em *reclamação administrativa* se está a referir ao direito do administrado peticionar perante a Administração para obter o reconhecimento de um direito ou a correção de um

---

[131] SILVA. *Curso de direito constitucional positivo*, p. 382.
[132] BRASIL. *Constituição...*, art. 74, §2º.
[133] BRASIL. *Constituição...*, art. 74, §1º.
[134] DI PIETRO. *Direito administrativo*, 8. ed., p. 484.

ato que lhe cause dano, o que, nos termos do art. 6º, do Decreto nº 20.910, deve ser apresentado, em regra, no prazo de um ano, a contar da emissão do ato.

O *pedido de reconsideração* é uma modalidade de recurso administrativo, pelo qual à parte, supostamente prejudicada pela forma de agir da Administração Pública, a impugna, remetendo petição à autoridade que a proferiu, para que esta a reveja.

Independentemente da forma como foi iniciado o autocontrole, para que este seja possível, é preciso que uma atividade ou um ato administrativo o preceda, em assim sendo, o produto da reapreciação deste pela própria autoridade que o expediu, quanto a sua legalidade, conveniência e oportunidade, enseja uma decisão, que pode ser no sentido da homologação, aprovação, revogação ou invalidação do agir apreciado.

O *controle hierárquico*, ao contrário do autocontrole, é a análise feita por um órgão hierarquicamente superior, sobre um agir da Administração Pública, proferido por um órgão hierarquicamente inferior. Ou, melhor, no dizer de Hely Lopes Meirelles "é o que resulta automaticamente do escalonamento vertical dos órgãos do Executivo, em que os inferiores estão subordinados aos superiores. Daí decorre que os órgãos de cúpula têm sempre o controle pleno dos subalternos, independentemente de norma que o estabeleça".[135]

Guarda semelhança com o autocontrole, no que diz respeito à forma de provocação, uma vez que pode ser realizada de ofício, pela autoridade superior, quando esta entender necessário, desde que não haja disposição contrária em lei, bem como pode ser solicitada pelo interessado, por meio da interposição de recurso hierárquico.

O recurso hierárquico, assim como o pedido de reconsideração, também é um tipo de recurso administrativo, no entanto,

---

[135] MEIRELLES. *Direito administrativo brasileiro*, 18. ed., p. 569.

tem por escopo, o reexame da conduta administrativa por autoridade hierarquicamente superior àquela que a praticou.

Quando o autocontrole é provocado por pedido de reconsideração e o controle é suscitado em recurso hierárquico, note-se que o controle interno é provocado por pessoa externa a Administração, mas é o Poder Público que efetivamente realiza o procedimento de fiscalização. Assim, pode-se dizer que o autocontrole e o controle hierárquico quando provocados por pessoa estranha à administração, são internos quanto à realização e externos quanto a sua provocação.

No entanto, o reexame hierárquico pode ser desempenhado tanto de modo concomitante, ou seja, enquanto a autoridade executora põe em prática o seu agir, e a autoridade superior observa e orienta a realização, como pode ser feito posteriormente, depois de praticado o ato ou desempenhada a atividade.

8.3 Controle externo

Muito embora o controle interno esteja constitucionalmente previsto, nem sempre esta forma de rever o agir da Administração Pública é desempenhada, e quando é efetivamente realizada não se pode dizer que foi praticada de modo adequado. Diante de tal fragilidade do controle *interna corporis*, é imprescindível a submissão da conduta pública ao controle externo.

O professor Hely Lopes Meirelles avaliando o controle externo, escreveu a respeito: "é o que se realiza por órgão estranho à Administração responsável pelo ato controlado".[136]

Celso Antônio Bandeira de Mello ensina que o controle externo compreende o controle parlamentar, o controle exercido pelo Tribunal de Contas e o controle jurisdicional.[137]

---

[136] MEIRELLES. *Direito administrativo brasileiro*, 18. ed., p. 570.
[137] MELLO. *Curso de direito administrativo*, p. 796.

Diante do gênero subdividido em espécies, passa-se, neste momento, a proceder à análise das classes acima particularizadas.

A primeira categoria de controle externo que se apresenta para estudo é o realizado pelo *Poder Legislativo*.

8.3.1 Controle parlamentar da Administração Pública

Quando o Poder Executivo desempenha sua atividade administrativa (conduta típica) e o Poder Judiciário coloca em prática seus afazeres atípicos (administrativos), ambos podem se submeter ao controle parlamentar.

Importante ressaltar que somente será possível identificar qual das esferas do Poder Legislativo é competente para efetuar o controle, diante da verificação de qual autoridade emanou a atividade submetida à fiscalização (Federal, Estadual ou Municipal). Isto quer dizer que, caso o agir administrativo tenha emanado do Poder Público Federal, deve ser submetido ao Congresso Nacional; de outra forma, se derivado de autoridade Estadual, deve ser apreciado pela Assembléia Legislativa e, ainda, se for de ordem Municipal, será apreciado pela Câmara de Vereadores.

Sobre o tema proposto neste tópico, importante trazer à baila a lição do professor Hely Lopes Meirelles quando diz que o

controle legislativo ou parlamentar é o exercido pelos órgãos legislativos (Congresso Nacional, Assembléias Legislativas e Câmaras de Vereadores) ou por comissões parlamentares sobre determinados atos do executivo na dupla linha da legalidade e da conveniência pública, pelo que caracteriza-se, como um controle eminentemente político, indiferente aos direitos individuais dos administrados, mas objetivando os superiores interesses do Estado e da Comunidade.[138]

O *controle parlamentar* a cargo do Congresso Nacional também é regulamentado pelo art. 70 da Constituição Federal, nos seguintes termos:

---

[138] MEIRELLES. *Direito administrativo brasileiro*, 18. ed., p. 598.

A fiscalização contábil, financeira, orçamentária, operacional e patrimonial da União e das entidades da administração direta e indireta, quanto à legalidade, legitimidade, economicidade, aplicação das subvenções e renúncia de receitas, será exercida pelo Congresso Nacional, mediante controle externo, e pelo sistema de controle interno de cada Poder.[139]

Assim, o *controle parlamentar* é um mecanismo garantidor da efetivação dos fins públicos, constitucionalmente previstos, e que para alcançar o objetivo para o qual foi criado, impreterivelmente, necessita da interferência de um poder estatal nos demais. Com vistas a resguardar o princípio da separação dos poderes, foi que o constituinte originário delimitou a atuação do controle pelo legislativo, nas disposições de competência, previstas nos art. 49, 51, 52, 70 e 71 da Carta Magna Federal.

Quando se fala em garantir fins públicos por meio da realização do *controle parlamentar*, se está fazendo referência ao critério de averiguação da conduta pública. Significa dizer que o controle externo realizado pelo Poder Legislativo, seja ele de qual esfera da Federação for, deverá analisar a conduta da Administração Pública com o objetivo de ver se ela é legal, conveniente e oportuna, dependendo do critério utilizado para realizar a verificação legislativa da conduta Administrativa, o controle pode tomar feição de político ou de financeiro.

Se o proceder do Poder Público for analisado sob a perspectiva da legalidade, conveniência e oportunidade, o *controle será político*, pois o que se estará buscando não é o interesse individual de um ou de outro cidadão, mas o bem comum. No entanto, se o controle for executado em virtude da natureza do bem, valor ou dinheiro manipulado, estar-se-á diante do *controle financeiro*, o qual abarcará não mais a legalidade e o mérito da conduta, mas também serão apreciados a legitimidade, economicidade, a finalidade funcional e o cumprimento dos resultados propostos.

---

[139] BRASIL. *Constituição...*, art. 70.

A respeito do *controle parlamentar* assim se pronunciou o Ministro Seabra Fagundes:

> O Contrôle legislativo ou parlamentar compete ao Poder Legislativo. É essencialmente político, destinando-se à fiscalização das atividades administrativas do ponto de vista geral da sua legalidade e conveniência ao interesse coletivo. Só indiretamente ampara o direito individual, em face do ato administrativo pelos benefícios implicitamente conseqüentes da boa aplicação da lei.[140]

Muito embora se tenha dito que o *controle político* faz a apreciação das condutas públicas sob o aspecto da legalidade, traz-se a guisa, a citação do professor Roberto Dromi, a fim de registrar ponto de vista diverso, "1) Político. Es el control de oportunidad, mérito y conveniencia, desarollado en defensa del interés público y de los intereses colectivos, como es el caso del juicio político, el veto, la mocion de censura".[141]

8.4 O controle da Administração Pública pelo Tribunal de Contas

Por ser o *controle parlamentar de caráter financeiro e orçamentário desempenhado com o auxílio do Tribunal de Contas*, este será tratado em tópico apartado, no qual se passa a discorrer mais pormenorizadamente.

Luciano Ferraz ao tratar do controle parlamentar explica que "pode efetivar-se de duas maneiras: diretamente, quando exercitado *motum proprio* pelo legislativo; indiretamente quando efetivado pelo legislativo com o auxílio do Tribunal de Contas".[142]

No que se refere ao *controle parlamentar direto*, este já foi tratado, portanto, no presente momento, apenas será objeto de análise o *controle parlamentar indireto*, assim denominado por ser

---

[140] FAGUNDES. *O controle dos atos administrativos pelo poder judiciário*, p. 122-123.
[141] DROMI. *El Derecho Público en la Modernidad*, p. 350.
[142] FERRAZ. *Controle da Administração Pública*, p. 77-78.

realizado com o auxílio dos tribunais de contas, seja ele da União, dos Estados ou dos Municípios.

O Tribunal de Contas é um órgão colegiado que exerce a tarefa de controle dos atos relativos à receita e despesa da Administração Pública.[143] No Brasil foi criado em 1890, pelo então ministro Ruy Barbosa, por meio do Decreto nº 966 – A,[144] muito embora sua instalação não tenha sido imediata, o que efetivamente só veio a ocorrer em 17 de novembro de 1893 em cerimônia presidida pelo Ministro da Fazenda na época, Serzedelo Corrêa.[145]

Atualmente as Cortes de Contas são órgãos constitucionalmente consagrados, dotados de independência, que ao fiscalizar financeira e orçamentariamente os atos da Administração Pública, auxilia o Poder Legislativo, o que não significa dizer que sejam órgãos meramente auxiliares.

No que se refere à questão de qual posicionamento dentre a estrutura governamental deve ser ocupado pelos tribunais de contas, antes de tudo, importante reafirmar que estes são órgãos autônomos e que, portanto, não pertencem nem a estrutura do Poder Executivo, nem do Poder Judiciário, nem do Poder Legislativo. Com este, apenas se relaciona mais intensamente por meio de um vínculo de cooperação diante da sua parceria na execução do controle fiscal. Antonio Roque Citadini entende que:

> os Tribunais de Contas ou Controladorias como autônomos ao lado do Parlamento, com competência de fiscalização definida e própria, e com seus membros gozando de garantias da Magistratura. Poucos são os países onde o controle está subordinado ao Executivo, menos ainda como integrantes do Poder Judiciário, prevalecendo a localização do órgão junto ao Parlamento, sem, no entanto, subordinar-se, na gestão administrativa ou no exercício de sua competência, ao Legislativo.[146]

---

[143] CITADINI. *O controle externo da Administração Pública*, p. 15.
[144] CITADINI. *O controle externo da Administração Pública*, p.14.
[145] FERRAZ. *Controle da Administração Pública*, p. 115.
[146] CITADINI. *O controle externo da Administração Pública*, p. 31.

A respeito tratou, também, Odete Medauar nos seguintes termos "Se a sua atuação é de atuar em auxílio ao Legislativo, sua natureza, em razão das próprias normas da Constituição, é a de órgão independente, desvinculado de qualquer dos três poderes".[147]

Em que pese já ter dito anteriormente que a função dos tribunais de contas é a análise dos atos de receita e de despesa da Administração Pública, é no art. 70[148] da Constituição Federal que está previsto o controle parlamentar indireto, o qual deve ser realizado com o auxílio do Tribunal de Contas e nos incisos I ao XI do art. 71 da Constituição Federal, estão consignadas, de forma pormenorizada, quais são as competências atribuídas ao Tribunal de Contas da União.

> Art. 71. O controle externo, a cargo do Congresso Nacional, será exercido com o auxílio do Tribunal de Contas da União, ao qual compete:
>
> I - apreciar as contas prestadas anualmente pelo Presidente da República, mediante parecer prévio que deverá ser elaborado em sessenta dias a contar de seu recebimento;
>
> II - julgar as contas dos administradores e demais responsáveis por dinheiros, bens e valores públicos da administração direta e indireta, incluídas as fundações e sociedades instituídas e mantidas pelo Poder Público federal, e as contas daqueles que derem causa a perda, extravio ou outra irregularidade de que resulte prejuízo ao erário público;
>
> III - apreciar, para fins de registro, a legalidade dos atos de admissão de pessoal, a qualquer título, na administração direta e indireta, incluídas as fundações instituídas e mantidas pelo Poder Público, excetuadas as nomeações para cargo de provimento em comissão, bem como a das concessões de aposentadorias, reformas e pensões, ressalvadas as melhorias posteriores que não alterem o fundamento legal do ato concessório;
>
> IV - realizar, por iniciativa própria, da Câmara dos Deputados, do Senado Federal, de Comissão técnica ou de inquérito, inspeções e

---

[147] MEDAUAR. *Controle da Administração Pública*, p. 141.

[148] Art. 70: "A fiscalização contábil, financeira, orçamentária, operacional e patrimonial da União e das entidades da administração direta e indireta, quanto à legalidade, legitimidade, economicidade, aplicação das subvenções e renúncia de receitas, será exercida pelo Congresso Nacional, mediante controle externo, e pelo sistema de controle interno de cada Poder." (BRASIL. *Constituição*, op cit.).

auditorias de natureza contábil, financeira, orçamentária, operacional e patrimonial, nas unidades administrativas dos Poderes Legislativo, Executivo e Judiciário, e demais entidades referidas no inciso II;

V - fiscalizar as contas nacionais das empresas supranacionais de cujo capital social a União participe, de forma direta ou indireta, nos termos do tratado constitutivo;

VI - fiscalizar a aplicação de quaisquer recursos repassados pela União mediante convênio, acordo, ajuste ou outros instrumentos congêneres, a Estado, ao Distrito Federal ou a Município;

VII - prestar as informações solicitadas pelo Congresso Nacional, por qualquer de suas Casas, ou por qualquer das respectivas Comissões, sobre a fiscalização contábil, financeira, orçamentária, operacional e patrimonial e sobre resultados de auditorias e inspeções realizadas;

VIII - aplicar aos responsáveis, em caso de ilegalidade de despesa ou irregularidade de contas, as sanções previstas em lei, que estabelecerá, entre outras cominações, multa proporcional ao dano causado ao erário;

IX - assinar prazo para que o órgão ou entidade adote as providências necessárias ao exato cumprimento da lei, se verificada ilegalidade;

X - sustar, se não atendido, a execução do ato impugnado, comunicando a decisão à Câmara dos Deputados e ao Senado Federal;

XI - representar ao Poder competente sobre irregularidades ou abusos apurados.[149]

Manoel Gonçalves Ferreira Filho, citado por Odete Medauar, entende que a obrigação de exercer o controle fiscal é competência das Câmaras Legislativas, por ser este uma modalidade de controle parlamentar externo. No entanto, diante da complexidade técnica necessária para o cumprimento adequado da fiscalização mencionada, foi esta atribuída ao encargo também do Tribunal de Contas nos moldes do art. 71 da Lei Maior.[150]

O que se pode depreender das disposições constitucionais que distribuem as competências para realização do controle, é que as Cortes de Contas têm a seu cargo competências exclusivas e

---

[149] BRASIL. *Constituição*, art. 71, inc. I, II, III, IV, V, VI, VII, VIII, IX, X e XI.
[150] FERREIRA FILHO apud MEDAUAR. *Controle da Administração Pública*, p. 112.

outras que exercem em comum com o Poder Legislativo. O desempenho das competências exclusivas não implica em exclusão do dever de realização das competências comuns, isto é, o fato de em determinada situação o Tribunal de Contas agir de modo independente não impede que em outro momento auxilie o Poder Legislativo.

Dispositivo de suma relevância, cuja citação se torna imprescindível para o presente trabalho, é a do art. 75 da Lei Maior que preceitua: "Art. 75. As normas estabelecidas nesta seção aplicam-se, no que couber, à organização, composição e fiscalização dos Tribunais de Contas dos Estados e do Distrito Federal, bem como dos Tribunais e Conselhos de Contas dos Municípios".[151]

Assim, resta incontroverso que as competências conferidas ao Tribunal de Contas da União pelos incisos do art. 71 da Constituição Federal são, também, as competências, guardadas as devidas particularidades, dos tribunais de contas dos Estados e dos Municípios.

Quando as Cortes de Contas realizam suas atribuições constitucionais com o fito de auxiliar o Poder Legislativo este poderá, caso julgue acertado, derrubar o parecer prévio emitido pelo Tribunal, por meio de votação que alcance quorum qualificado, fato este que possibilita que a função técnica a cargo do Tribunal de Contas seja apenas opinativa.

Conforme consignado no parágrafo único do art. 70, da Constituição Federal, modificado, em 5 de junho de 1998, pela Emenda Constitucional nº 19, está obrigado a prestar contas aos respectivos tribunais de contas competentes "qualquer pessoa física ou jurídica, pública ou privada, que utilize, arrecade, guarde, gerencie ou administre dinheiros, bens e valores públicos

---

[151] BRASIL. *Constituição*, art. 75.

ou pelos quais a União responda, ou que, em nome desta, assuma obrigações de natureza pecuniária".[152]

Portanto, a Lei Maior, no parágrafo único do art. 70, prevê que a prestação de contas não será obrigatória em razão da pessoa que a presta, mas sim em razão da origem dos bens, valores e patrimônio manuseado durante o exercício financeiro anterior. Assim, se a instituição usou dinheiro público para desempenhar a finalidade para a qual foi criada, então tem a obrigação de prestar contas. Caso o dinheiro utilizado tenha provindo de cofres privados, então, a princípio, não haverá a necessidade de prestar contas.

Ressalte-se que, mesmo no manuseio de valores advindos da esfera privada, tem a Administração direta e indireta obrigatoriamente que prestar contas, em virtude de que todo e qualquer bem ou valor, mesmo que de origem privada, quando ingressa nos cofres públicos, perde o atributo que lhe caracterizava como privado e adquire o predicado que lhe dá a qualidade de público, ensejando, como já dito, a obrigação da apresentação da prestação de contas para o tribunal competente.

8.5 Controle jurisdicional da Administração Pública

O *controle jurisdicional da Administração Pública* pode, nos dias de hoje, ser organizado conforme os dois sistemas existentes, quais sejam, o sistema da unicidade de jurisdição e o da dualidade de jurisdição. Aquele se viabiliza por meio da jurisdição una, por vezes também denominado de jurisdição ordinária, ao passo que este, se realiza por meio do contencioso administrativo.

---

[152] BRASIL. Constituição (1988). Emenda Constitucional nº 19, de 4 de junho de 1998. Modifica o regime e dispõe sobre princípios e normas da Administração Pública, servidores e agentes políticos, controle de despesas e finanças públicas e custeio de atividades a cargo do Distrito Federal, e dá outras providências. *Lex*: legislação federal e marginália, São Paulo, v. 62, p. 2027, jun. 1998.

Quando se trata do *controle jurisdicional* realizado nos moldes do contencioso administrativo, é necessário compreender que existem duas ordens de jurisdição, uma que aprecia as causas comuns e outra que aprecia todas as demandas, que versem sobre a Administração Pública. Os tribunais integrantes do Contencioso Administrativo são especializados em questões de direito público, mas, infelizmente, o sistema jurídico brasileiro não prevê esta possibilidade.

Maria Sylvia Zanella Di Pietro ensina, ao tratar do *controle jurisdicional*, que o sistema contencioso é "o sistema da dualidade de jurisdição em que, paralelamente ao Poder Judiciário, existem os órgãos do **Contencioso Administrativo** que exercem, como aquele, função jurisdicional sobre lides de que a Administração Pública seja parte interessada".[153]

O Brasil por meio do inciso XXXV do art. 5º da Constituição Federal de 1988 adotou o sistema da jurisdição una, uma vez que o citado dispositivo prevê que "a lei não excluirá da apreciação do Poder Judiciário lesão ou ameaça a direito", conferindo, portanto, ao Poder Judiciário em caráter exclusivo, o exercício da jurisdição.

Para Paulo Magalhães da Costa Coelho o sistema da jurisdição ordinária é aquele em que "a jurisdição denomina-se única porque tanto os atos particulares quanto aqueles emanados da administração pública se submetem à jurisdição comum".[154]

Como se pode ver, a Administração Pública brasileira terá seu agir apreciado, por órgãos comuns do Poder Judiciário, ou seja, será submetida a tribunais que possuem competência, também, para apreciar demandas em que as partes sejam cidadãos comuns.

---

[153] DI PIETRO. *Direito administrativo*, p. 492.
[154] COELHO. *Controle jurisdicional da Administração Pública*, p. 39.

Assim, como toda atividade judicante, o *controle jurisdicional* para que seja concretizado necessita, impreterivelmente, da provocação do Judiciário, pela parte interessada, por meio do ajuizamento de uma ação. Desta forma, o controle realizado pelo Poder Judiciário sobre as atividades da administração Pública, somente será possível, se for protocolada ação que vise tal revisão.

Para que uma demanda seja proposta com o intuito de rever a atuação do Poder Público, não precisa que a parte autora, necessariamente, tenha sofrido lesão a direito, uma vez que o inciso XXXV do art. 5º da Lei Maior brasileira, permite a propositura de medida judicial, mediante mera ameaça a direito.

Odete Medauar ensina que:

> O princípio da inafastabilidade do controle do controle jurisdicional, contido no inc. XXXV, do art. 5º, da Constituição Federal, fixa o critério, no ordenamento pátrio, para o ingresso em juízo contra a Administração Pública: a lesão ou ameaça de lesão a direito. Assim, desde que se cogite de questionamentos relativos a direitos que devam ser atendidos pela atividade da Administração, cabe a proteção judiciária.[155]

Em vista do tema deve ser registrada a opinião conclusiva do professor Celso Antônio Bandeira de Mello, no sentido de que:

> No Brasil, ao contrário do que ocorre em inúmeros países europeus, vigora o sistema de jurisdição única, de sorte que assiste exclusivamente ao Poder Judiciário decidir, com força de definitividade, toda e qualquer contenda sobre a adequada aplicação do direito a um caso concreto, sejam quais forem os litigantes da relação jurídica controvertida.[156]

Aspecto de relevância a ser estudado sobre o controle judicial, refere-se a qual deve ser a extensão da análise realizada pelo Poder Judiciário, sobre as condutas administrativas.

Conforme dito anteriormente, o processo judicial de verificação tem início com a propositura da ação e tem fim com a

---

[155] MEDAUAR. *Controle da Administração Pública*, p. 170.
[156] MELLO. *Curso de direito administrativo*, p. 802.

CONTROLE DAS ORGANIZAÇÕES SOCIAIS | 105

emissão da sentença, nos moldes da Seção I do Capitulo VIII do Código de Processo Civil.

> Art. 162. Os atos do juiz consistirão em sentenças, decisões interlocutórias e despachos.
>
> §1º. Sentença é o ato pelo qual o juiz põe termo ao processo, decidindo ou não o mérito da causa.
>
> Art. 458. São requisitos essenciais da sentença:
>
> I - o relatório, que conterá os nomes das partes, a suma do pedido e da resposta do réu, bem como o registro das principais ocorrências havidas no andamento do processo;
>
> II - os fundamentos, em que o juiz analisará as questões de fato e de direito;
>
> III - o dispositivo, em que o juiz resolverá as questões, que as partes lhe submeterem.[157]

Conforme dispõem os incisos I, II e III do art. 458 do Código de Processo são requisitos essenciais da sentença, o relatório, que conterá os nomes das partes, o resumo do pedido e da resposta do réu, bem como o registro das principais ocorrências havidas no andamento do processo, os fundamentos em que o juiz analisará as questões de fato e de direito e a parte dispositiva, onde o juiz se pronunciará a respeito de como resolve a questão.

Em sendo a sentença um juízo de valor norteado pelo princípio do livre convencimento, deverá trazer consignado quais os argumentos que foram observados pelo julgador, quando na realização do controle, uma vez que na decisão prolatada devem ser expostos quais os motivos que culminaram no entendimento externado, sem que isto implique em vicio (ausência dos requisitos legais ou inobservância da obrigatoriedade da separação dos poderes).

A Administração Pública quando desempenha seu ofício pode praticar atos vinculados ou discricionários e, conforme o art. 2º da Lei nº 4.717/65, são elementos do ato administrativo a competência, a forma, o objeto, o motivo e a finalidade. Portanto,

---

[157] BRASIL. *Código de Processo Civil*. 35. ed. São Paulo: Saraiva, 2005. Arts. 162, §1º e 458, inc. I, II e III.

vinculados são aqueles atos que têm os seus cinco elementos ditados pela lei. Em contrapartida, serão discricionários aqueles para os quais a lei não se encarregou de discriminar como deveriam ser todos os seus elementos formadores.

Assim, a análise judicial dos atos, contratos e procedimentos administrativos deve, segundo a professora Maria Sylvia Zanela Di Pietro, obedecer a seguintes colocações:

> Com relação aos atos vinculados, não existe restrição, pois, sendo todos os elementos definidos em lei, caberá ao Judiciário examinar, em todos os seus aspectos, a conformidade do ato com a lei. (...) A rigor, pode-se dizer que, com relação ao ato discricionário, o Judiciário pode apreciar os aspectos da legalidade e verificar se a administração não ultrapassou os limites da discricionariedade.[158]

Os atos vinculados, por terem todos os seus elementos previstos em lei, poderão ser objeto de ampla análise do Poder Judiciário, ou seja, este verificará se a atitude tomada realmente está conforme os termos previstos na Lei.

Já os atos que possuem uma margem de discricionariedade, ou seja, que têm um dos seus elementos delimitado por um juízo subjetivo de conveniência e oportunidade, podem ser analisados quanto à legalidade, nos aspectos vinculados e quanto ao principio da razoabilidade e da moralidade, no que concerne aos aspectos discricionários.

Dentre as medidas judiciais utilizadas para a correção da conduta administrativa, além das próprias do Direito Privado, como, por exemplo: a ação de reintegração de posse, as ações ordinárias de indenização e as cautelares, existem outras específicas para o controle da Administração, que, por serem previstas na Constituição Federal, são consideradas como remédios constitucionais e denominadas como ações constitucionais de garantia,

---

[158] DI PIETRO. *Direito administrativo*, p. 180-181.

por visarem garantir direitos fundamentais, vale dizer, "seu objetivo é provocar a intervenção de autoridades, em geral a judicial, para corrigir os atos da Administração lesivos de direitos individuais ou coletivos".[159]

Dentre as ações específicas, o *habeas data*, o *habeas corpus*, o Mandado de Segurança individual e o Mandado de Injunção são ações voltadas para a garantia de direitos individuais, já o Mandado de Segurança coletivo, a ação popular e a ação civil pública garantem direitos coletivos ou difusos, ainda que, acessoriamente, possam assegurar também interesses individuais, isto sem falar no controle da constitucionalidade, que, por ser capítulo a parte, não será motivo de análise no presente trabalho.

É preciso, em que pese de modo sintético, ver em que consistem e quais as principais características de cada uma dessas espécies.

8.5.1 *Habeas corpus*

É medida prevista no inciso LXVIII do art. 5º da Constituição Federal e cabível "sempre que alguém sofrer ou se achar ameaçado de sofrer violência ou coação em sua liberdade de locomoção, por ilegalidade ou abuso de poder".[160]

O Código de Processo Penal regula o *habeas corpus* nos artigos 647 a 667 e sua impetração dispensa procurador judicial, bem como, prescinde de qualquer formalidade, quando, em face das circunstâncias, seja possível sua utilização.

Desta forma o *habeas corpus* pode ser impetrado por qualquer pessoa, tanto nacional como estrangeira, visando benefício próprio ou de terceiro.

---

[159] DI PIETRO. *Direito administrativo*, p. 498.
[160] BRASIL. *Constituição...*, art. 5º, inc. LXVIII.

8.5.2 Mandado de Segurança

Conforme dispõe o art. 5º, inciso LXIX, da Constituição Federal, "conceder-se-á Mandado de Segurança para proteger direito líquido e certo, não amparado por *habeas corpus* ou *habeas data*, quando o responsável pela ilegalidade ou abuso de poder for autoridade pública ou agente de pessoa jurídica no exercício de atribuições do Poder Público".[161]

Assim, é posto à disposição de toda pessoa física e jurídica, com capacidade processual, para proteção de direito individual ou coletivo, lesado ou ameaçado de lesão, decorrente de ato de autoridade, de qualquer categoria, quaisquer sejam suas funções.

É ação civil de rito sumaríssimo que, além dos pressupostos processuais e das condições da ação, exige como pressupostos específicos: 1. um ato de autoridade; 2. uma ilegalidade ou abuso de poder; 3. uma lesão ou ameaça de lesão e, 4. um direito líquido e certo não amparado por *habeas corpus ou habeas data*.

Mas a quem se deve entender como autoridade, capaz de praticar um ato eivado de ilegalidade ou abuso de poder, para que possa haver a propositura de um mandado se segurança? Conforme Maria Sylvia Zanella Di Pietro,

> considera-se **ato de autoridade** todo aquele que for praticado por pessoa investida de uma parcela de poder público. Esse ato pode emanar do Estado, por meio de seus agentes e órgãos ou de pessoas jurídicas que exerçam funções delegadas. Isto quer dizer que abrange atos praticados pelos órgãos e agentes da administração direta e da indireta (autarquias, fundações, empresas públicas, sociedades de economia mista, concessionárias e permissionárias de serviços públicos). E abrange também atos emanados de particulares que ajam por delegação do poder público. É o que decorre do próprio preceito constitucional, que fala em ilegalidade ou abuso de poder praticado por "autoridade pública ou agente de pessoa jurídica no exercício de atribuições do Poder Público".[162]

---

[161] BRASIL. *Constituição...*, art. 5º, inc. LXIX.
[162] DI PIETRO. *Direito administrativo*, p. 508.

Tendo em vista as entidades particulares e suas autoridades, só darão ensejo ao Mandado de Segurança quando atuarem por delegação e dentro dos limites por esta determinados. Porém, se exercitarem tais atividades, sem autorização ou delegação, e mesmo quando autorizadas, não estiverem inseridas dentre às própria do Poder Público, não se pode falar em interposição do Mandado de Segurança como medida para proteger direito líquido e certo não amparado por *habeas corpus* e *habeas data*.

A Lei nº 1.533, de 31 de dezembro de 1951, regulamenta o Mandado de Segurança e, em seu art. 1º, diz o que entende por autoridade, ou seja, são "os representantes dos órgãos dos Partidos Políticos e os representantes ou administradores das entidades autárquicas e das pessoas naturais ou jurídicas com funções delegadas do poder público somente no que entender com essas funções".

Entende-se, portanto, que autoridade é a pessoa física investida de decisão na esfera de uma competência legalmente atribuída, de tal modo que se tratando de Mandado de Segurança, uma coisa é a autoridade coatora, vale dizer, aquela que efetivamente praticou o ato, outro é o seu sujeito passivo, isto é, o órgão a que pertence a autoridade coatora e que responderá pelos danos causados, o que não significa a irresponsabilidade da autoridade que praticou o ato, esta pode figurar no processo como terceiro interessado, pois concedida a segurança e resolvido o dano, pode ser responsabilizada pelos prejuízos por ela causados.

Porém, cabe distinguir, como fez Hely Lopes Meirelles, a autoridade pública do simples agente público.

Aquela detém, na ordem hierárquica, *poder de decisão* e é competente para praticar *atos administrativos decisórios*, os quais, se ilegais ou abusivos, são suscetíveis de impugnação por Mandado de Segurança quando ferem direito líquido e certo; este não pratica atos decisórios, mas simples atos executórios, e, por isso, não responde a Mandado de Segurança, pois é apenas executor de ordem superior. Exemplificando: o porteiro é um agente público, mas não é autoridade; autoridade é o seu superior hierárquico, que decide naquela repartição pública.[163]

O Supremo Tribunal Federal resumiu seu entendimento, conforme expresso na Súmula 510, nos seguintes termos: "Praticado o ato por autoridade, no exercício de competência delegada, contra ela cabe Mandado de Segurança ou medida judicial".

A jurisprudência tem admitido, ainda, o cabimento do Mandado de Segurança contra atos de dirigentes de estabelecimentos particulares de ensino, por exercerem atividades autorizadas pelo Poder Público. Entretanto, sobre o assunto é preciso esclarecer que não estão neste universo os atos realizados, por estas autoridades, no interesse interno e particular do estabelecimento, empresa, ou instituição. Aqueles, porque decorrentes de delegação, podem ser motivo de Mandado de Segurança, estes não. Quando o diretor da escola particular nega, ilegalmente, a matrícula, ou uma instituição bancária não aceita, ilegitimamente, uma operação de crédito, ou uma empresa comete uma ilegalidade no desempenho de uma função delegada, cabe a segurança.[164]

No caso de operação de crédito, o Mandado de Segurança é cabível no caso da financeira exercer função delegada do Poder Público e a concessão do crédito ser um ato vinculado.[165]

Para a realização de uma hipótese, própria para interposição de um Mandado de Segurança, é preciso que exista a lesão ou a ameaça de lesão de um direito líquido e certo, o que

---

[163] MEIRELLES. *Mandado de segurança*, p. 33.

[164] 1. Aceita o Mandado de Segurança em face de ato do diretor de escola particular: TJRJ, ApC nº 10.846/98, Rel. Dês. Luiz Fux, reg. 6.8.99; Não aceitou Mandado de Segurança em matéria relativa ao regimento interno, por ausência de delegação do poder público, TJDF, REO 49.496/98, Rel. Dês. Valter Xavier, RT. 771/315; Sobre a distinção entre atos delegados e interna corporis de dirigente de estabelecimento de ensino particular, STJ, CComp 38.159-MS, Rel. Min. Teori Albino Zavascki, *DJU*, 04 ago. 2003.

[165] STF RTJ 66/442, Súmula 510; STJ Resp 100941-CE e nº 101.596-CE, Relator em ambos o Min. Ari Pargendler, *DJU*, p. 51558, 13 out. 1997; Resp. 202.157, Rel. Min. Humberto Gomes de Barros, *DJU*, p. 94, 21 fev. 2000.

CONTROLE DAS ORGANIZAÇÕES SOCIAIS | 111

significa dizer que a liquidez e a certeza referem-se aos fatos, os quais devem ser devidamente comprovados de plano.

Conforme Hely Lopes Meirelles,

> Direito líquido e certo é o que se apresenta manifesto na sua existência, delimitado em sua extensão e apto a ser exercido no momento da impetração. Por outras palavras, o direito invocado, para ser amparável por Mandado de Segurança, há de vir expresso em norma legal e trazer todos os requisitos e condições de sua aplicação ao impetrante: se sua existência for duvidosa; se sua extensão ainda não estiver delimitada; se seu exercício depender de situações e fatos ainda indeterminados, não rende ensejo à segurança, embora possa ser defendido por outros meios judiciais.[166]

Em relação a caracterização do direito líquido e certo, impossível deixar de registrar a lição de Celso Ribeiro Bastos quando afirma que a solução reside não na vontade normativa, mas nos fatos invocados pelo impetrante como aptos a produzires os efeitos pretendidos. Não obstante, a certeza e a liquidez do direito não é condição para o deferimento da medida, mas sim para a admissibilidade do seu conhecimento, vale dizer, o juiz do mérito do feito pode estar convencido do suporte fático apresentado pelo autor, porém, este pode não encontrar respaldo na norma invocada, do que resultará o indeferimento da medida. "os fatos existem, mas não lhe assiste o direito".[167]

É importante registrar que o Mandado de Segurança só pode ser impetrado quando seu objeto for ato de autoridade dos três poderes, desde que ilegal ou ofensivo a direitos individuais ou coletivos, o que significa que não tem cabimento contra os atos puramente normativos, contra a coisa julgada e contra os interna corporis de órgãos colegiados.

É remédio constitucional que se destina a proteção de mera expectativa do direito, conforme o Min. Sálvio Figueiredo,

---

[166] MEIRELLES. *Mandado de segurança*, p. 37.
[167] BASTOS. *Curso de direito constitucional*, p. 239.

proferida no Recurso Especial nº 10.168-0, publicado no *DJU* em 20.4.1992, p. 5256: "Direito líquido e certo, para fins de Mandado de Segurança, pressupõe a demonstração de plano do alegado direito e a inexistência de incerteza a respeito dos fatos".

A falta de direito líquido e certo, configura a carência da ação, vale dizer, a denegação do pedido, a extinção do processo sem julgamento de mérito, conseqüentemente, a impossibilidade de concessão da segurança.

A lei em tese, a norma abstrata de conduta, não pode ser atacada por via de um Mandado de Segurança, conforme determina a Súmula 266 do STF, que diz: "Não cabe Mandado de Segurança contra lei em tese".

Desta forma, já é possível registrar um elenco de hipóteses nas quais não cabe Mandado de Segurança, ou seja, não pode ser impetrado para:

1 assegurar a liberdade de locomoção; pois que é protegido pelo *habeas corpus*;

2 assegurar o conhecimento de informações relativas à pessoa do impetrante e a retificação de dados, porque nesses casos cabe o *habeas data*;

3 para corrigir lesão decorrente de lei em tese, já que só pode impugnar ato da Administração que causem efeitos concretos;

4 contra atos que admitam recurso administrativo com efeito suspensivo, independentes de caução, porque, neste caso, o ato não produz efeitos e, portanto, não causa lesão, enquanto não decidido, caracterizando, deste modo, falta de interesse para agir. Entretanto, quando a lei exige caução, uma garantia, o Mandado de Segurança pode ser impetrado desde logo;

5 contra decisão ou despacho judicial, quando exista recurso cabível, previsto em lei e, quando exista recurso que este não tenha efeito suspensivo e da decisão possa ocorrer dano irreparável;

6 contra ato disciplinar, o Mandado de Segurança não tem cabimento, salvo quando o ato provenha de autoridade incompetente ou não tenha sido observado a formalidade essencial. Aqui o Mandado de Segurança é também considerado inadequado para exame dos motivos que ensejaram a punição, a não ser que seja comprovada sua inexistência ou falsidade.

O art. 18 da Lei nº 1.533/51 estabelece o prazo para a interposição do Mandado de Segurança, quando diz: "o direito de requerer Mandado de Segurança extinguir-se-á decorridos 120 dias, contados da ciência, pelo interessado, do ato impugnado". Tal prazo não admite interrupção ou suspensão.

8.5.2.1 Mandado de Segurança coletivo

A medida foi contemplada, pela primeira vez em nosso jurídico, pela Constituição Federal de 1988, ao prever, no inciso LXX do art. 5º, a medida como veiculo de defesa de interesses coletivos, ou seja, dos interesses de uma categoria, pela facilidade do acesso a juízo, ao permitir que pessoas jurídicas defendam os interesses de seus membros ou associados, sem mandado especial.

O art. 5º, inciso LXX, da Constituição Federal reza:

o Mandado de Segurança coletivo pode ser impetrado por: a) partido político com representação no Congresso Nacional; b) organização sindical, entidade de classe ou associação legalmente constituída e em funcionamento há pelo menos um ano, em defesa dos interesses de seus membros ou associados.[168]

---

[168] BRASIL. *Constituição...*, art. 5º, inc. LXX.

Segundo entendimento atual do Supremo Tribunal Federal, as entidades relacionadas no artigo acima citado, para postular em juízo a defesa dos interesses de seus filiados ou associados, não necessitam estar expressamente autorizadas, como ficou consignado no Mandado de Segurança coletivo n° 21.514-DF, no qual o Ministro Marco Aurélio Mello na qualidade de Relator assim se manifestou:

> Em elogiável avanço, nossos Constituintes de 1988 fizeram inserir no art. 5° nova garantia constitucional — a do Mandado de Segurança coletivo — e, então, quanto a este, tiveram presentes as características de certos direitos, no que extravasam o âmbito simplesmente individual para irradiarem-se a ponto de serem encontrados no patrimônio de várias pessoas que, em virtude de um fim comum, formam uma certa categoria. Tendo em vista esta peculiar situação é que se previu, na alínea *b* do inciso LXX do artigo 5°, a prerrogativa das organizações sindicais, das entidades de classe e das associações legalmente constituídas e em funcionamento há pelo menos um ano, não para representar, mediante autorização expressa, como previsto no inciso XXI, os filiados, mas para impetrar o Mandado de Segurança coletivo. Não se tratasse de algo diverso da demanda plúrima ajuizada por força de representação, mister seria concluir pela inocuidade do preceito.[169]

O Mandado de Segurança coletivo exige os mesmos pressupostos e requisitos do Mandado de Segurança individual, em que pese a já mencionada diferença, no que tange à legitimação ativa.

8.5.3 Mandado de Injunção

Considerando que a Constituição pode estabelecer, para o Estado, programas de atuação, os quais podem restar indefinidamente sem realização, sem gerar efeitos jurídicos e levando em conta a imperatividade das normas constitucionais, nossa Lei Fundamental de 1988 se preocupou em adotar mecanismos para torná-los efetivos, isto é, fruíveis por seus beneficiários.

---

[169] BRASIL. Supremo Tribunal Federal. Recurso em Mandado de Segurança n° 21.514-DF. Relator: Ministro Marco Aurélio Mello, 27 abr. 1993. *Revista Trimestral de Jurisprudência*, Brasília, n. 150, p. 104, out. 1994.

Assim, importou alguns instrumentos, tais como, a iniciativa popular para apresentação de um projeto de lei, a declaração de inconstitucionalidade por omissão e, além disso, criou mecanismos que não encontram precedente no direito estrangeiro. Surge, então, o denominado Mandado de Injunção que, se confrontado com a *injunction* do direito americano, nos leva a identificação de sua singularidade.

Nossa Constituição previu, dentre as ações constitucionais de garantia, no inciso LXXI, do seu art. 5º: "conceder-se-á Mandado de Injunção sempre que a falta de norma regulamentadora torne inviável o exercício dos direitos e liberdades constitucionais e das prerrogativas inerentes à nacionalidade, à soberania e à cidadania".[170]

Conforme Alexandre Moraes, "o Mandado de Injunção consiste em uma ação constitucional de caráter civil e de procedimento especial, que visa suprir uma omissão do Poder Público, no intuito de viabilizar o exercício de um direito, uma liberdade ou uma prerrogativa prevista na Constituição Federal". Ele, juntamente com a declaração de inconstitucionalidade por omissão, "visa combater a *síndrome da inefetividade* das normas constitucionais".[171]

Como se vê, os requisitos para a interposição de um Mandado de Injunção são: a falta de norma regulamentadora; a inviabilidade do exercício dos direitos e liberdades constitucionais e das prerrogativas, inerentes à nacionalidade, à soberania e à cidadania, o que significa dizer que, necessariamente, deve ser identificado o nexo causal entre a omissão do Poder Legislativo; e a inviabilidade do exercício dos direitos e liberdades constitucionais.

Desta forma, para a propositura de um Mandado de Injunção sempre deverá haver uma lacuna normativa, isto é, uma norma, de eficácia limitada, que prevê a possibilidade do exercício

---

[170] BRASIL. *Constituição...*, art. 5º, inc. LXXI.
[171] MORAES. *Constituição do Brasil interpretada*, p. 412.

dos direitos e liberdades inerentes à nacionalidade, à soberania e à cidadania. Segundo José Afonso da Silva tais normas não têm normatividade suficiente e dependem de lei ulterior para que possam surtir os efeitos visados pelo constituinte, ou seja, necessitam de integração, no sentido de íntima composição de duas vontades legislativas, uma de escalão superior, constitucional e outra norma de nível ordinário ou complementar.[172]

Portanto, não haverá espaço para a propositura de um Mandado de Injunção quando se pretende a alteração de lei ou de ato normativo existente, mas, supostamente, incompatível com a Constituição, ou para obter uma aplicação mais justa da lei existente.

Neste sentido decidiu o Supremo Tribunal Federal, no MI 575-3/DF, cuja relatoria coube ao Ministro Marco Aurélio Mello, publicado no *DJU* de 18.06.1998, quando disse que "premissa básica do Mandado de Injunção a inexistência de lei viabilizadora do exercício do direito, liberdade e prerrogativas inerentes à nacionalidade, à soberania e à cidadania".

Pode ser ajuizado por qualquer pessoa que se sinta impedida de exercitar direito constitucionalmente assegurado por falta de norma regulamentadora, sendo medida hábil para que obtenha, em um caso concreto, mediante decisão judicial, "a disciplina necessária indispensável ao exercício dos direitos e liberdades constitucionais ou das prerrogativas inerentes à nacionalidade, à soberania e à cidadania, frustrados pela ausência de norma regulamentadora, cuja falta esteja a inviabilizar-lhes o exercício".[173]

Será competente para julgar o Mandado de Injunção: o Supremo Tribunal Federal, nos casos previstos no art. 102, I, *q*, da Constituição Federal e o Superior Tribunal de Justiça nas

---

[172] SILVA. *Aplicabilidade das normas constitucionais.* p. 103-116.
[173] MELLO. *Curso de direito constitucional,* p. 805.

hipóteses constantes do seu art. 105, I, *h,* conforme o sujeito passivo, ou seja, o ente estatal encarregado do dever jurídico de emanar o ato.

8.5.4 Ação popular

A ação popular é prevista no inciso LXXIII da Constituição Federal nos seguintes termos: "qualquer cidadão é parte legítima para propor ação popular que vise a anular ato lesivo ao patrimônio público ou entidade de que o Estado participe, à moralidade administrativa, ao meio ambiente e ao patrimônio histórico e cultural, ficando o autor, salvo comprovada má-fé, isento de custas judiciais e do ônus da sucumbência".[174]

É forma de exercício da soberania popular, pela qual se permite ao povo, diretamente, a realização da função de fiscal do Poder Público, embasado no princípio da legalidade dos atos administrativos e no entendimento de que a coisa pública é patrimônio do povo.

Conforme entendeu o STF, na Adin 769/MA, que teve como relator o Ministro Celso de Mello, a ação popular se destina "a preservar, em função de seu amplo espectro de atuação jurídico-processual, a intangibilidade do patrimônio público e a integridade da moralidade administrativa (CF. Art. 5º, LXXIII)".[175]

Como se vê, a ação popular tem como objeto um ato ou omissão do Poder Público, ou de entidade da qual o Estado participe, lesivo ao patrimônio público, seja por ilegalidade ou por imoralidade.

O dispositivo constitucional ao prever que "qualquer cidadão é parte legítima para propor ação popular", possibilitou a invocação da tutela jurisdicional, independentemente do autor

---

[174] BRASIL. *Constituição...,* art. 5º, inc. LXXIII.
[175] *DJU,* 08 abr. 1994, p. 7224.

ter proveito pessoal na demanda, vale dizer, em que pese o interesse ser da coletividade como um todo, que será beneficiada com a anulação do ato impugnado, o autor age em nome próprio, no exercício de um direito constitucionalmente assegurado.

Aqui é preciso registrar que não se encontra na ação popular a figura do substituto processual, já que o autor defende o interesse da comunidade a qual pertence, o interesse de uma comunidade destituída de personalidade jurídica.

Se a autoria da ação popular consagra um direito político, na medida em que lhe exige não só a sua qualidade de nacional, mas a posse dos seus direitos políticos, ela determina a impossibilidade de sua propositura por pessoas jurídicas e por pessoas físicas que não possuam o direito de fruição das prerrogativas cívicas, seja por que nunca as tiveram, seja porque delas tenham decaído, em caráter permanente ou transitório.

É condição inescusável da ação, o fato do ato a ser invalidado lesar o patrimônio público, o que pressupõe, por sua vez, a sua ilegalidade, pois não se pode imaginar que a Administração estivesse legalmente autorizada a lesá-lo ou desfalcá-lo.

Quando se trata da sujeição passiva da ação popular é preciso ressaltar que nossa própria Constituição deixa claro que, dentro deste universo, estão todas as entidades que lidem com o patrimônio público, seja a que título for. A expressão enquadra todos os entes criados pelo próprio Estado e que compõe a Administração direta e indireta, e, além destes, todas as pessoas de direito privado, não criadas pelo Estado, mas das quais este participe, quer pela forma de composição inicial de seu patrimônio, quer por que lhes repassa dotações destinadas ao seu custeio ou ao reforço de seu capital.

Deve-se registrar, ainda, que a Constituição, ao disciplinar a ação popular, tornou o processo isento de custas judiciais e do ônus da sucumbência.

Isto posto, pode-se concluir com o pensamento de Celso Ribeiro Bastos, quando diz que

> os efeitos da ação popular se traduzem tanto na anulação do ato praticado, na sua sustação, caso iminente a sua consumação, como também na ordenação da sua prática, na hipótese de omissivo. Ademais comporta condenação dos beneficiários da lesividade, daí porque ser de mister o chamamento a juízo, como co-réus, tanto da pessoa que praticou o ato questionado quanto da que de extraiu proveito.[176]

8.5.5 Habeas data

É uma nova ação constitucional de garantia, prevista na atual Constituição Federal no inciso LXXII do art. 5º, para: a) "assegurar o conhecimento de informações relativas à pessoa do impetrante, constante de registros ou banco de dados de entidades governamentais ou de caráter público"; b) "para retificação de dados, quando não se prefira fazê-lo por processo sigiloso, judicial ou administrativo".

Como se vê é remédio processual, constitucionalmente previsto, que visa proteger o indivíduo contra o uso e conservação, por meios fraudulentos ou ilícitos, do registro de dados pessoais, sejam eles decorrentes de convicção política-ideológica, de orientação religiosa, filosófica, sexual, ou de filiação partidária e sindical etc.

Maria Sylvia Zanela Di Pietro[177] ressalta que "o registro de dados aqui referido, não constitui modo de assegurar o direito à informação, previsto no inciso XXXIII, do art. 5º da Constituição Federal, segundo o qual 'todos têm direito a receber dos órgãos públicos informações de seu interesse, ou de interesse coletivo ou geral, que serão prestadas no prazo da lei, sob pena de responsabilidade, ressalvadas aquelas cujo sigilo seja imprescindível à

---

[176] BASTOS. *Curso de direito constitucional*, p. 249.
[177] DI PIETRO. *Direito administrativo*.

segurança da sociedade e do Estado',[178] pois, em que pese aventar que as informações possam ser de seu interesse particular, não significa elas sejam sobre si mesmo".

O *habeas data* é medida cabível quando se trata de informações pessoais, armazenadas, fichadas, catalogadas, registradas em banco de dados, o que significa dizer que se não houver uma justificativa séria a legitimar a posse de tais dados, ela será lesiva ao direito à intimidade, previsto no inciso X do art. 5º da Constituição Federal quando diz: "são invioláveis a intimidade, a vida privada, a honra e a imagem das pessoas, assegurado o direito a indenização pelo dano material ou moral decorrente de sua violação".[179]

O objetivo do *habeas data* é garantir o acesso às informações pessoais do impetrante, constante de registro em banco de dados de entidades governamentais ou de entidades de caráter público, bem como a retificação destes dados quando não forem exatos.

Quando se fala em retificação de dados, isto significa não só a supressão daqueles que violam á vida íntima da pessoa, mas também dos que não tenham qualquer relação com a finalidade do órgão coletor. A posse de dados pessoais, ainda que útil, como no caso da atividade policial, há de ser vista como uma excepcionalidade, o que leva a admitir que a medida processual aqui tratada, deve propiciar não só a correção de dados errados, mas deverá, também, enfrentar o mérito do armazenamento.

Desta forma o legitimado para requerer *habeas data* é unicamente a pessoa física ou jurídica diretamente interessada nos registros mencionados no art. LXXII, *a* e *b*, do art. 5º da Constituição Federal, isto porque a nossa Lei Fundamental, com a medida,

---

[178] BRASIL. *Constituição...*, art. 5º, inc. XXXIII.
[179] BRASIL. *Constituição...*, art. 5º, art. 5º, inc. X.

assegurou o conhecimento de informações relativas à pessoa do impetrante e a correção dos dados inexatos armazenados.

Entretanto, a Lei nº 9.507/97 que disciplinou o rito do *habeas data*, impediu a ação em duas fases, isto é, será cabível só para o fornecimento de informações, ou para só a correção de dados, as duas coisas não poderão ser obtidas no mesmo processo. Deste modo, se as informações forem incorretas, o interessado deverá ajuizar outra ação de *habeas data* para obter a correção dos dados.

Sobre o assunto é preciso registrar que o Superior Tribunal de Justiça, consagrou, na Súmula nº 2, entendimento no sentido de que "não cabe *habeas data* se não houver recusa por parte da autoridade administrativa".

Na mesma seara decidiu o Supremo Tribunal Federa, quando o Tribunal Pleno, em acórdão da lavra do Ministro Celso de Mello, no RHD nº 22-8-DF, determinou: "a prova do anterior indeferimento do pedido de informação de dados pessoais, ou da omissão em atendê-lo, constitui requisito indispensável para que se concretize o interesse de agir no *habeas data*. Sem que se configure situação prévia de pretensão resistida, há carência da ação constitucional do *habeas data*".

Isto posto, é bom que se diga que o fornecimento de informações de modo insuficiente ou mesmo incompletas, dará ensejo ao ajuizamento do *habeas data*, cuja propositura, nos termos da Constituição Federal, art. 5º, inciso LXXVII, é isenta de custas e despesas judiciais.

8.5.6 Ação civil pública

Como salienta Maria Sylvia Zanella Di Pietro,

A ação civil pública não constitui, a rigor, meio específico de controle da Administração Pública, razão pela qual pode causar estranheza a sua inclusão neste capítulo. Contudo, como ela tem como legitimado passivo todo aquele que causar dano a algum interesse difuso, poderá eventualmente ser proposta contra o próprio poder público quando ele for o responsável pelo dano.[180]

Conforme prevê o inciso III do art. 129 da Constituição Federal, ao tratar da competência do Ministério Público, a ação civil pública visa à proteção do patrimônio público e social, do meio ambiente e de outros interesses difusos e coletivos.

Celso Ribeiro Bastos, ao analisar a ação civil pública, afirma que para cunhar uma noção de interesses difusos e coletivos, deve-se ser transposta a conexão entre interesse de agir e direito subjetivo, porque tanto o interesse difuso como o coletivo, não coincide com o interesse de determinada pessoa e abrangem uma categoria de pessoas.

"Interesses coletivos seriam, pois, os interesses afectos a vários sujeitos não considerados individualmente, mas sim por qualidade de membro de comunidades menores ou grupos intercalares, situados entre o individuo e o Estado".[181] Existe, neste caso, um vínculo jurídico básico que une todos os indivíduos, tal como o que une a família, os acionistas de uma sociedade anônima, os integrantes de uma categoria profissional etc.

Já, quando se trata de interesses difusos, não é possível identificar qualquer vínculo jurídico que congregue os titulares de tais interesses, os quais se baseiam em uma identidade de fato. "Quando nos referimos aos interesses difusos dos usuários de automóveis, por exemplo, abarcamos uma indefinida massa de indivíduos esparsos por todo país, sem qualquer característica homogênea, mas que praticaram, em comum, a compra e venda de um veículo".[182]

---

[180] DI PIETRO. *Direito administrativo*, p. 533.
[181] BASTOS. *Curso de direito constitucional*, p. 252.
[182] BASTOS. *Curso de direito constitucional*, p. 252.

Isto posto, a partir do §1º do art. 129 da Constituição Federal, bem como do art. 5º da Lei nº 7.347 de 24 de julho de 1985, que disciplina a ação civil pública, é possível concluir que o seu sujeito ativo pode ser o Ministério Público, a União, os Estados, os Municípios, as autarquias, fundações, empresas públicas, sociedades de economia mista e, também, as associações que estejam constituídas há pelo menos um ano, nos termos da lei civil, e tenham, dentro de suas finalidades, a proteção do meio ambiente, ao consumidor, ao patrimônio artístico, estético, histórico, paisagístico ou outros interesses difusos e gerais.

Dentro deste universo, cabem, também, as Organizações Sociais e as Organizações da Sociedade Civil de Interesse Público, do mesmo modo como podem figurar no pólo passivo da ação, já que neste pode estar qualquer pessoa, física ou jurídica, pública ou privada, desde que responsável por dano ou ameaça de dano a interesses difuso ou coletivo.

A Lei nº 7.347/85 prevê, no art. 3º, que o objetivo da ação civil pública pode ser a indenização pelo dano causado, isto é, a que se destina à reconstituição do bem lesado ou o cumprimento de uma obrigação de fazer ou não fazer. Desta forma, o juiz pode decidir pelo cumprimento da prestação da atividade ou pela cassação da considerada nociva, sob pena de execução específica ou de multa diária, se for suficiente ou compatível, independente do pedido do autor.

A sentença produz efeitos *erga omnes*, exceto se julgada improcedente por insuficiência de provas e no caso de litigância de má-fé, quando, então, a associação e os diretores responsáveis pela propositura da ação, serão, solidariamente, condenados ao pagamento dos honorários advocatícios e ao décuplo das custas, sem prejuízo da responsabilidade por perdas e danos, conforme reza o art. 17 da Lei nº 7.347, de 24 de julho de 1985.

8.6 Controle social

Neste início de século o Estado vem sofrendo as conseqüências de crises políticas, econômicas e ideológicas e, dentro deste quadro, é de fundamental importância a noção de Estado de Direito, vale dizer, o que tem como princípio fundamental o império da lei, isto é, aquele cujas normas jurídicas submetem às pessoas e, também, ao Estado.

Hoje a tendência é todos os Estados se dizerem democráticos, porém, só podem ser aceitos como tal, aqueles em que o governo que vem do povo e visa o seu interesse.

A democracia, por sua vez, repousa no princípio da soberania nacional, pelo qual o povo é a única fonte de poder e no da participação do povo, direta ou indiretamente, no seu exercício. No caso do exercício depender de sua participação indireta, surge outro princípio subsidiário ou secundário, que é o princípio da representação.

Não obstante, a participação efetiva do povo na condução do Poder Público não se exaure na simples formação das instituições representativas, pois, embora esta já possa ser considerada como uma evolução, não caracteriza o ideal de seu desenvolvimento.

A Constituição Federal determinou em seu art. 1º que: "a República Federativa do Brasil, formada pela união indissolúvel dos Estados, Municípios e Distrito Federal, constitui-se em Estado Democrático de Direito e tem como fundamentos: I. a soberania; II. a cidadania; III. o respeito à dignidade da pessoa humana; IV. OS valores sociais do trabalho e da livre iniciativa; V. o pluralismo político" e, no parágrafo único que "todo poder emana do povo, que o exerce por meio de representantes eleitos ou diretamente, nos termos desta Constituição".[183]

---

[183] BRASIL. *Constituição...*, art. 1º.

Mais uma vez é oportuna a lição de José Afonso da Silva, quando diz que o democrático qualifica o Estado, o que faz irradiar os valores democráticos sobre todos os elementos constitutivos do Estado e sobre a ordem jurídica. "A configuração do Estado Democrático de Direito não significa apenas unir formalmente os conceitos de Estado Democrático e Estado de Direito. Consiste, na verdade, na criação de um conceito novo, que leva em conta os conceitos dos elementos componentes", instaurando um processo de "efetiva incorporação de todo povo nos mecanismos do controle da decisão".[184]

Desta forma, a idéia de democracia que norteia o exercício do poder no Estado Brasileiro, exige, além do voto e da delegação da vontade popular, a direta participação do povo nas decisões e no controle do Poder Público e isto como forma de garantir, cada vez mais, a vigência e eficácia dos direitos fundamentais, o que vem previsto, por exemplo, nos art. 10, art. 11, art. 29, art. 31, art. 194, art. 216, §1º do art. 74 e §2º do art. 58.

Como se vê, nosso ordenamento jurídico prevê, por diversas vezes, a participação do indivíduo nos sistemas de controle da Administração Pública.

Ora, quando se fala em controle da Administração Pública, conforme observa Marcel Waline, pensa-se na verificação da conformidade de uma ação a uma norma, que a ela se impõe.[185]

O mestre Seabra Fagundes ensinou que

todas as atividades da Administração são limitadas pela subordinação à ordem jurídica, ou seja, à legalidade. O procedimento administrativo não tem existência jurídica se lhe falta, como fonte primária, um texto de lei. Mas não basta que tenha sempre fonte na lei. É preciso, ainda, que se exerça segundo a orientação dele e dentro dos limites nela traçados. Só assim o procedimento da Administração é legítimo.[186]

---

[184] SILVA. *Curso de direito constitucional positivo*, 6. ed., p. 105.
[185] WALINE apud MEDAUAR. *Controle da Administração Pública*, p. 18.
[186] FAGUNDES. *O controle dos atos administrativos pelo poder judiciário*, p. 113.

Por sua vez, Diogenes Gasparini ressalta que, além da subordinação à lei,

> o interesse público impõe que seja eficiente e útil o agir da Administração Pública. Assim, qualquer ente estatal ineficiente ou desnecessário ou qualquer atividade inoportuna ou inconveniente ao interesse público deve ser modificada ou suprimida, ainda que legítima. Modificada, se passível de tornar-se eficiente e útil. Suprimida, se inoportuna ou se inconveniente, ou se impossível de se tornar eficiente e útil.[187]

Deste modo, o controle da Administração Pública representa vigilância, orientação e correção, e pode ser exercido sobre todos os Poderes do Estado, quando se encontrem no exercício da função administrativa.

Nossa Lei Fundamental ao prever os diversos tipos de controle do Poder Público, permite que sejam exercidos com a participação popular, como nas seguintes hipóteses:

1 quando, no art. 58, §2º, trata das Comissões Parlamentares, dispõe que "as comissões, em razão da matéria de sua competência, cabe: IV. Receber petições, reclamações, representações ou queixas de qualquer pessoa, contra atos ou omissões das autoridades ou entidades públicas";

2 no art. 74, §2º, ao determinar que "qualquer cidadão, partido político, associação ou sindicato é parte legítima para, na forma da lei, denunciar irregularidades ou ilegalidades perante o Tribunal de Contas da União";

3 no §3º, do art. 31, quando disciplina que: "as contas dos Municípios ficarão, durante sessenta dias, anualmente, a disposição de qualquer contribuinte, para exame e apreciação, o qual poderá questionar-lhes a legitimidade, nos termos da lei".[188]

---

[187] GASPARINI. *Direito administrativo*, p. 546.
[188] BRASIL. *Constituição...*, art. 58, 74, 31.

CONTROLE DAS ORGANIZAÇÕES SOCIAIS | 127

Nestes três casos de participação do indivíduo no ato de controle da Administração Pública, é possível identificar um aspecto interessante, ou seja, enquanto o art. 58 faz referência a "qualquer pessoa", o que significa que pode ser realizado tanto por pessoa física como jurídica, o art. 74 já fala em "qualquer cidadão", isto é, só a pessoa física no gozo de seus direitos políticos, do mesmo modo o art. 31, por sua vez, trata de "qualquer contribuinte", vale dizer, aquele que paga os tributos, ou, como diz Geraldo Ataliba, aquele que leva dinheiro, obrigatoriamente, aos cofres públicos.[189]

Desta forma, nossa Constituição Federal, ao prever a possibilidade de participação popular na gestão e controle da coisa pública, ampliou o conceito de cidadania para além do ato de votar e ser votado, consciente de que não é a nação como um todo que comparece nas seções eleitorais, que parte dela permanece à margem do processo eleitoral e não imprime seu desejo no território das opções sociais, no das ações administrativas e políticas.

Ao lado desta expansão da participação do indivíduo nas decisões e controle da coisa pública, esta se faz cada vez mais necessária, pois, como assinala José Roberto José Dromi, "governo e controle parece ser a fórmula orgânica da estrutura futura do poder, para que aos que mandem não lhes falte o poder e para aos que obedecem não lhes falte liberdade, resguardada por controles idôneos que assegurem qualidade e eficácia".[190]

Como se sabe o conceito de cidadania, conquistado historicamente, não é um conceito estático e representa a superação da idéia de súdito do Estado, tido apenas como objeto de suas decisões. Ao contrário, o cidadão, embora sujeito às normas e ações do Poder Público, tem, em suas mãos, os instrumentos de sobrevivência deste mesmo Estado.

---

[189] ATALIBA. *Hipóteses de incidência tributária*, p. 24-27.
[190] DROMI. *Derecho Subjetivo y Responsabilida Publica*, p. 67.

Jorge Luis Maiorano depois de considerar a insuficiência dos mecanismos tradicionais de controle, em decorrência do próprio sistema e da dificuldade de acesso a sua utilização, pondera que esta se faz sentir tanto no controle parlamentar, como no jurisdicional e no administrativo.[191]

Ressalta que no controle administrativo, embora a revisão se estenda à legalidade e à oportunidade ou conveniência, na prática se resume só à ilegalidade, pois falta ao órgão controlador independência necessária em relação ao objeto controlado e quando considera que existe quem afirme que o controle por via administrativa evita um pleito judicial, defende que é possível contestar que, muitas vezes, o formalismo do processo de decisão impede ao recorrente postular suas razões, em que pese se reconheça a procedência de suas colocações.[192]

Em relação ao controle parlamentar, Maiorano adverte que, além de se desenvolver no plano político partidário, pode estar contaminado pela circunstância da maioria dos legisladores e do Chefe do Executivo pertencerem à mesma fração política, o que pode anular a possibilidade de correção dos abusos cometidos.[193]

Quando enfoca o controle jurisdicional, aponta que só é utilizado por uma minoria, pois a justiça além de cara é custosa e morosa, de modo que, em certos casos, os gastos com o processo podem ser superiores aos benefícios econômicos litigados.

Isto posto, visando um canal, mais eficiente e ágil, de controle da Administração Pública defende a participação do povo no controle da coisa pública, o que diversos Estados têm previsto, em sua estrutura, pela inserção da figura do *ombudsman*, como acontece na Espanha, Portugal e Argentina, o qual, sob a

---

[191] MAIORANO. *El Ombudsman Defensor del Pueblo y lãs Instituciones Republicanas*, p. 14-25.
[192] MAIORANO. *El Ombudsman Defensor del Pueblo y lãs Instituciones Republicanas*, p. 14-25
[193] MAIORANO. *El Ombudsman Defensor del Pueblo y lãs Instituciones Republicanas*, p. 14-25.

inspiração do modelo sueco da instituição, é designado pelo Poder Legislativo, mas dele é independente, vale dizer, é da essência do instituto a liberdade e independência de seu titular, sua credibilidade e respeito junto à sociedade, acrescida da informalidade e gratuidade de sua provocação.

Entre nós, quando do trabalho da Constituinte de 1988, um projeto da Comissão Provisória de Estudos Constitucionais propôs a incorporação da figura ao estado brasileiro. O primeiro substitutivo do Relator Geral da Assembléia Constitutinte conservou a inovação, porém, o segundo substitutivo a fez desaparecer, surgindo, em seu lugar, a proposta de ampliação da competência do Ministério Público para que lhe fizesse o papel.

A Constituição Federal de 1988 previu no art. 129, II, que compete ao Ministério Público zelar pelo efetivo respeito dos poderes públicos e dos serviços de relevância pública aos direitos assegurados nesta Constituição e promover as medidas necessárias para garanti-los.

A Lei Complementar nº 75, de 20 de maio de 1993, chamada de Lei Orgânica do Ministério Público, disciplina, em seu art. 11, dentre as competências do Ministério Público, que "a defesa dos direitos constitucionais do cidadão visa à garantia do seu efetivo respeito pelos Poderes Públicos e pelos prestadores de serviços de relevância pública", e em seu art. 12 dispõe que "o Procurador dos Direitos do Cidadão agirá de ofício ou mediante representação, notificando a autoridade questionada para que preste informação no prazo que assinar".

Assim, em que pese a imperiosa necessidade de modernização dos mecanismos de controle e participação popular no regime democrático, pode-se concluir com Daisy de Asper y Valdés, quando afirma que "de modo geral, o sistema do direito administrativo está mais fortalecido para proteção do público contra os erros ou abusos do poder, atos administrativos nocivos ou acusações injustas ou ilegais",[194] pois, enquanto os tribunais de contas e auditorias podem invalidar irregularidades financeiras, os responsáveis podem ser processados pelos promotores públicos.

---

[194] VALDÉS. A instituição brasileira do "Ombudsman": o papel do Ministério Público. *Revista da Procuradoria-Geral da República*, p. 151.

Capítulo 9

Controle das Organizações Sociais

Sumário: 9.1 Controle externo – **9.2** Controle interno – **9.3** Controle de resultado – **9.4** Controle social

Nos capítulos antecedentes foram tecidas considerações, de cunho geral, acerca das Organizações Sociais e do controle da Administração Pública, de tal sorte que é imprescindível que, no capítulo que se inicia, se faça a conjugação dos conhecimentos armazenados, a fim de que seja atingido, objetivamente, o tema proposto.

Juarez de Freitas ensina que

> (...) as organizações sociais ocupam zona mesclada, intermediária entre o público e o privado, claramente integrantes do emergente e valiosíssimo terceiro setor. Convém notar, ainda, que essas entidades ocupam lugar característico que as diferenciam das demais organizações da sociedade civil de caráter público, porquanto a "publicização" do regime aparece em maior escala, embora não sejam catalogáveis como pessoas jurídicas integrantes da estrutura da Administração Pública Federal Indireta.[195]

A Constituição Federal no Título IV, da Organização dos Poderes, Capítulo I, do Poder Legislativo, Seção IX, ao tratar da Fiscalização Contábil, Financeira e Orçamentária disciplina como deve ser feito o controle dos entes da Administração Pública, direta, indireta, fundacional, bem como das sociedades instituídas e mantidas pelo Poder Público.

Resta evidente que, como regra geral, as Organizações Sociais, por serem pessoas jurídicas de direito privado, integrantes

---

[195] FREITAS. Organizações sociais: sugestões para o aprimoramento do modelo federal. *Revista de Informação Legislativa*, p. 133-138.

do Terceiro Setor, estão excluídas, pela Constituição Federal, da obrigatoriedade de observar os parâmetros propostos acerca do controle fiscal, contábil e financeiro, nos moldes dos artigos 71 a 75, uma vez que estes, conforme já dito, são imperativos apenas para as pessoas jurídicas de direito público, integrantes das administrações direta, indireta e fundacionais.[196]

Quando se refere à hipótese de que as Organizações Sociais não têm obrigação de se submeter aos dispositivos constitucionais que determinam tais formas de controle, se quer dizer que a Lei Maior brasileira somente disciplinou a fiscalização contábil, financeira e fiscal das entidades da administração direta, indireta e fundacionais, não havendo a intenção de obrigar, nem de eximir, as entidades de se submeterem aos regramentos da Constituição Brasileira, fundamento de validade de todas as normas jurídicas, uma vez que sobre elas silenciou.

No entanto, importante advertir que as Organizações Sociais ao receberem "dinheiros, bens e valores público ou pelos quais a União responda", mediante Contrato de Gestão, têm o dever de prestar contas, conforme o parágrafo único do art. 70 da Constituição Federal.[197]

> Parágrafo único. Prestará contas qualquer pessoa física ou jurídica, pública ou privada, que utilize, arrecade, guarde, gerencie ou administre dinheiros, bens e valores públicos ou pelos quais a União responda, ou que, em nome desta, assuma obrigações de natureza pecuniária (Redação dada pela Emenda Constitucional nº 19, de 1998).

---

[196] Apenas para melhor entendimento, lembramos que Primeiro Setor é formado pelas entidades do Poder Público, seja no âmbito municipal, estadual, ou federal, isto é, o conjunto das entidades que formam o Estado, e que as entidades do Segundo Setor são as empresas pertencentes a particulares, que, atuando como entidades privadas, tem no lucro seu objetivo principal. (BARBOZA. Gestão contábil e sistemas de informações aplicáveis às entidades sem fins lucrativos: aspectos legais, normativos e deficiências. In: ESPÍRITO SANTO. Ministério Público. *Terceiro Setor*: fundações e entidades de interesse social, p. 292.

[197] Art. 70. A fiscalização contábil, financeira, orçamentária, operacional e patrimonial da União e das entidades da administração direta e indireta, quanto à legalidade, legitimidade, economicidade, aplicação das subvenções e renúncia de receitas, será exercida pelo Congresso Nacional, mediante controle externo, e pelo sistema de controle interno de cada Poder. (BRASIL. *Constituição...*, 1988.)

CONTROLE DAS ORGANIZAÇÕES SOCIAIS | 133

Quando as Organizações Sociais estiverem usando, arrecadando, guardando, gerenciando ou administrando valor pelo qual a União ou entidade estatal responda, devem, obrigatoriamente, se submeter ao controle interno e externo, devendo atentar para o disposto no art. 12, da Lei nº 9.637/1998, pois neste são previstos os repasses possíveis de serem realizados pelo Poder Público para as entidades qualificadas como Organizações Sociais.[198]

As considerações aqui tecidas são fruto da análise eminentemente legal, como corolário da condição de pessoa jurídica privada das Organizações Sociais. Porém, importante lembrar que embora não haja determinação taxativa da obrigatoriedade de submissão das Organizações Sociais aos sistemas de controle previstos na Carta Constitucional, do ponto de vista ético, moral, tal escusa, por mera intelecção literal do texto normativo, não é louvável.

Marçal Justen Filho, ao tratar dos pressupostos necessários para a configuração de uma entidade como Organização Social, registra que:

> É fundamental a autonomia da entidade em face do Estado, incumbindo-lhe assumir os riscos da atividade que desenvolver em nome próprio e responder em face da comunidade pela eficiência na gestão dos recursos, bens e pessoal. Logo, a ausência de controles burocráticos deverá ser limitada. Deverão ser fixados objetivos a ser atingidos e estabelecidos índices objetivos para a avaliação da eficácia da atividade.[199]

---

[198] Art. 12 - Às organizações sociais poderão ser destinados recursos orçamentários e bens públicos necessários ao cumprimento do Contrato de Gestão. §1º São assegurados às organizações sociais os créditos previstos no orçamento e as respectivas liberações financeiras, de acordo com o cronograma de desembolso previsto no Contrato de Gestão. §2º Poderá ser adicionada aos créditos orçamentários destinados ao custeio do Contrato de Gestão parcela de recursos para compensar desligamento de servidor cedido, desde que haja justificativa expressa da necessidade pela organização social. §3º Os bens de que trata este artigo serão destinados às organizações sociais, dispensada licitação, mediante permissão de uso, consoante cláusula expressa do Contrato de Gestão. Art. 15. São extensíveis, no âmbito da União, os efeitos dos art. 11 e 12, §3º, para as entidades qualificadas como organizações sociais pelos Estados, pelo Distrito Federal e pelos Municípios, quando houver reciprocidade e desde que a legislação local não contrarie os preceitos desta Lei e a legislação específica de âmbito federal. (BRASIL. Lei nº 9.637..., *Diário Oficial da República Federativa do Brasil*, p. 8.)
[199] JUSTEN FILHO. op. cit., p. 36.

Note-se que o autor acima citado propõe que a fiscalização a ser realizada sobre as Organizações Sociais ocorra mediante o controle de resultados, tendo em vista, como ponto primordial, a eficiência da atividade desempenhada e não os meios pelos quais foi atingido.

Em sendo as Organizações Sociais instrumentos criados pela reforma do Estado, para que este possa, por meio de simples atividade de fomento, tornar efetivo o interesse público, inadmissível conceber que sejam submetidas apenas ao controle finalístico de suas condutas, diante da atual crise política Brasileira e as reiteradas noticias de corrupção.

Deve-se registrar, em sentido contrário, a postura defendida por Francisco de Assis Alves quando entende que:

> Com a organização social vem a pretensão de se inventar uma entidade dotada de autonomia financeira e administrativa, capaz de dar eficiência ao desempenho das entidades estatais. Dizendo de outra forma, pretende-se descobrir nova parceria para a Administração Pública, que possa desenvolver as entidades de interesse público, sem as amarras burocráticas que dificultam a atuação da maquina estatal.[200]

Neste sentido expôs, ainda:

> Embora de índole privada, utilizará dinheiro público e, por isso, em princípio, estará submetida a severo controle. Apesar de o controle das organizações sociais estar previsto para ser exercido por um processo inovador e, espera-se, mais eficaz, que é o controle por resultados, como expressamente previsto no contrato de gestão, que será o instrumento regulamentador das parcerias entre as organizações sociais e a Administração Pública, dificilmente, as organizações sociais escaparão das regras impostas para o uso dos recursos públicos. Caso não se procedam às alterações necessárias, inclusive de cunho constitucional, de modo a possibilitar sejam essas organizações recepcionadas pelo ordenamento jurídico brasileiro, a liberdade de ação reservada a elas certamente será frustrada.[201]

---

[200] ALVES. *Fundações, organizações sociais, agências executivas, organizações da sociedade civil de interesse público e outras modalidades de prestação de serviço público*, p. 187.

[201] ALVES, *Fundações, organizações sociais, agências executivas, organizações da sociedade civil de interesse público e outras modalidades de prestação de serviço público*, p. 188-189.

Tendo em vista que o ordenamento jurídico brasileiro é um sistema hierarquizado e harmônico de regras e princípios, no qual existem normas de cunho geral e especial, a Lei nº 9.637/98 que disciplina as Organizações Sociais especifica que devem ser analisadas e aplicadas suas determinações de conformidade com o que prevê a Constituição Federal, naquilo que versa sobre a fiscalização e os tipos de controle da Administração, a fim de que seja atingido o fim proposto pela entidade, sem esquecer da moralidade e da ética.

Ademais, o princípio da moralidade não tem força normativa somente sobre a Administração Pública, quando a Constituição Federal, em seu art. 37, dispõe que "A administração pública direta e indireta de qualquer dos Poderes da União, dos Estados, do Distrito Federal e dos Municípios obedecerá aos princípios de legalidade, impessoalidade, moralidade, publicidade e eficiência" (redação dada pela Emenda Constitucional nº 19, de 1998),[202] pois tal princípio teve sua imperatividade reafirmada, no que tange as Organizações Sociais, quando a Lei nº 9.637/1998 previu, em seu art. 7º, que: "Na elaboração do Contrato de Gestão, devem ser observados os princípios da legalidade, impessoalidade, moralidade, publicidade, economicidade e, também, os seguintes preceitos..."[203]

Portanto, muito embora a Constituição Federal não obrigue textualmente as Organizações Sociais de observância dos controles por ela previstos, estes mesmo assim devem ser aplicados, guardadas as devidas peculiaridades, tendo em vista a concepção hierarquizada do ordenamento jurídico brasileiro.

9.1 Controle externo

Em que pese o assunto sugerido já ter sido anteriormente tratado, importante fazê-lo novamente, pois neste momento o

---

[202] BRASIL. *Constituição*, art. 37.
[203] BRASIL. Lei nº 9.637..., art. 7º.

que se propõe é a análise dos aspectos do controle externo atinentes às Organizações Sociais, relativamente àqueles previstos na Lei nº 9.637/1998.

O ordenamento jurídico brasileiro indica, em diversas situações, a necessidade de submissão das Organizações Sociais ao controle externo, vale dizer, deve-se levar em conta a disposição constitucional acerca do dever de sujeição, inclusa no parágrafo único do art. 70 da Constituição Federal,[204] quando estabelece que: "prestará contas qualquer pessoa física ou jurídica, pública ou privada, que utilize, arrecade, guarde, gerencie ou administre dinheiros, bens e valores públicos ou pelos quais a União responda, ou que, em nome desta, assuma obrigações de natureza pecuniária" (Redação dada pela Emenda Constitucional nº 19, de 1998)".[205]

Sobre o conteúdo do dispositivo constitucional acima mencionado, é preciso ponderar que:

> Ao verificar o contido no artigo 70, não cabe ao interprete outra oportunidade do que concluir que a vontade do legislador constituinte reformador, volta-se apenas para a proteção dos recursos públicos.
> (...) Assim não cabe mais questionar quem deve prestar contas. Havendo recursos públicos, não importa quem os utilize, guarde, gerencie ou administre, pode ser pessoa física ou jurídica, pública ou privada, existe a obrigatoriedade de um lado de prestar contas e de outro de proceder a fiscalização contábil, financeira, orçamentária e operacional sobre tais recursos.[206]

Desta forma, sempre que as Organizações Sociais estiverem utilizando, arrecadando, guardando, gerenciando ou administrando dinheiros, bens e valores públicos pelos quais o Estado

---

[204] BRASIL. *Constituição*, art. 70, §único.

[205] Controle externo é exercido por órgão diverso, não pertencente à estrutura do responsável pelo ato controlado, como o controle que o Poder Judiciário pode vir a realizar sobre os atos do Poder Público, o controle direto ou indireto a cargo do Congresso Nacional e o realizado pelo Tribunal de Contas. FERRAZ. *Controle da Administração Pública*).

[206] FERRARI. *Direito municipal*, p. 223.

responda, ou quando em nome deste assuma obrigações de natureza pecuniária, deve prestar contas ao Tribunal de Contas da União, nos moldes do preceituado no inciso II, do art. 71, da Constituição Federal.

In verbis:

> Art. 71. O controle externo, a cargo do Congresso Nacional, será exercido com o auxílio do Tribunal de Contas da União, ao qual compete:
>
> II - julgar as contas dos administradores e demais responsáveis por dinheiros, bens e valores públicos da administração direta e indireta, incluídas as fundações e sociedades instituídas e mantidas pelo Poder Público federal, e as contas daqueles que derem causa a perda, extravio ou outra irregularidade de que resulte prejuízo ao erário público.[207]

O art. 9º da Lei nº 9.637/98, corrobora o dever de submissão das contas das Organizações Sociais ao controle do Tribunal de Contas da União, nos seguintes termos: "Os responsáveis pela fiscalização da execução do Contrato de Gestão, ao tomarem conhecimento de qualquer irregularidade ou ilegalidade na utilização de recursos ou bens de origem pública por organização social, dela darão ciência ao Tribunal de Contas da União, sob pena de responsabilidade solidária".[208]

Assim, em tendo a entidade ou órgão supervisor do Poder Público que assinou o Contrato de Gestão, responsabilidade pela fiscalização da execução do Contrato de Gestão, tomando conhecimento de qualquer irregularidade ou ilegalidade na malversação de bens ou valores públicos, deverá comunicar ao Tribunal de Contas da União e representar junto ao Ministério Público, à Advocacia-Geral da União ou à Procuradoria da entidade competente, para que seja decretada a indisponibilidade dos bens da instituição, o seqüestro dos de seus dirigentes, bem como do

---

[207] BRASIL. *Constituição*, art. 71.
[208] BRASIL. Lei nº 9.637..., art. 9º.

agente público, ou terceiro, que possa ter enriquecido ilicitamente ou causado dano ao patrimônio público, nos termos do art. 10 da Lei nº 9.637/88, quando diz:

> Sem prejuízo da medida a que se refere o artigo anterior, quando assim exigir a gravidade dos fatos ou o interesse público, havendo indícios fundados de malversação de bens ou recursos de origem pública, os responsáveis pela fiscalização representarão ao Ministério Público, à Advocacia-Geral da União ou à Procuradoria da entidade para que requeira ao juízo competente a decretação da indisponibilidade dos bens da entidade e o seqüestro dos bens dos seus dirigentes, bem como de agente público ou terceiro, que possam ter enriquecido ilicitamente ou causado dano ao patrimônio público.[209]

Em contrapartida, caso não seja dado conhecimento das irregularidades constatadas, o responsável pela fiscalização da execução do Contrato de Gestão será considerado como solidariamente responsável pelos danos que, por ventura, decorram da ilegalidade identificada e não informada.

Neste sentido é a posição de Francisco de Assis Alves:

> No caso do contrato de gestão, a responsabilidade resulta da Lei nº 9.637/98, art. 9º. Trata-se de solidariedade passiva, é dizer: qualquer um dos responsáveis pela fiscalização do contrato de gestão, poderá ser chamado para responder, juntamente com os dirigentes da organização social, caso, tendo tido conhecimento de irregularidade ou ilegalidade na utilização de recursos ou bens públicos pela organização social, não tenha dado ciência desse fato ao Tribunal de Contas.[210]

Sendo obrigatória a sujeição das Organizações Sociais ao controle externo, realizado pelo Tribunal de Contas da União, conforme dispõe a Lei nº 9.637/98, é importante notar que a elas se aplicam as preposições aqui enfocadas, quando da análise no curso deste trabalho, sobre o controle realizado pelos tribunais de contas.

---

[209] BRASIL. Lei nº 9.637..., art. 10.

[210] ALVES. *Fundações, organizações sociais, agências executivas, organizações da sociedade civil de interesse público e outras modalidades de prestação de serviço público*, p. 208.

Corolário da concepção sistêmica do ordenamento jurídico, estão as determinações acerca do controle externo previstas na Lei especifica das Organizações Sociais.

O art. 1º da Lei nº 9.637/1998 prevê que compete, unicamente, ao Poder Executivo a outorga da qualificação da entidade como Organização Social, desde que atendidos os requisitos previstos no diploma legal.[211]

Tal concessão deverá ocorrer mediante ato administrativo, exarado por autoridade administrativa competente, que declare os motivos ensejadores da atribuição. Não obstante, no caso do Poder Público entender que não deve ser atribuído à entidade requerente o título de Organização Social, da mesma forma, deve expor quais os motivos que determinaram sua decisão.[212]

II. Como se pode notar, antes mesmo da entidade receber o título de Organização Social, deve se submeter a uma verificação realizada por órgão não pertencente a sua estrutura.

A concessão do título de Organização Social pelo Poder Executivo, não depende, exclusivamente, da análise de requisitos objetivamente propostos[213] mas, também, de um julgamento subjetivo do Ministro ou Titular de órgão supervisor ou regulador

---

[211] Art. 1º O Poder Executivo poderá qualificar como organizações sociais pessoas jurídicas de direito privado, sem fins lucrativos, cujas atividades sejam dirigidas ao ensino, à pesquisa científica, ao desenvolvimento tecnológico, à proteção e preservação do meio ambiente, à cultura e à saúde, atendidos aos requisitos previstos nesta Lei. (BRASIL. Lei nº 9.637... *Diário Oficial da República Federativa do Brasil*).

[212] A denegação da qualidade de organização social à pessoa jurídica que a requereu deve sempre ser motivada; as razões da recusa devem ser passíveis de verificação pela parte interessada e realmente terem ocorrido, sob pena de invalidação do referido ato administrativo e conseqüente atribuição desta à solicitante.
A falta de motivação, pura e simples, acarreta solução diversa. Com efeito, a ausência das razões do indeferimento da outorga da qualidade de organização social autoriza, tão somente, a invalidação do ato denegatório e obriga a Administração a realizar outro ato, desta vez, devidamente motivado, e não a conceder a qualidade de organização social à pessoa jurídica que à está pleiteando. O conteúdo do novo ato continua discricionário, admitindo, inclusive, outro indeferimento, só que amparado em motivo explicitado. (ROCHA. *Terceiro Setor*, p. 114).

[213] BRASIL. Lei nº 9.637... *Diário Oficial da República Federativa do Brasil*, art. 2, inc. I.

da área de atividade, bem como do Ministro do Planejamento, Orçamento e Gestão, quanto sua conveniência e oportunidade.

Ora, a margem de discricionariedade prevista pelo legislador, não significa arbitrariedade. Sobre o assunto, esclarecedoras são as lições do professor Celso Antônio Bandeira de Mello:

> Não se confunde discricionariedade com arbitrariedade. Ao agir arbitrariamente o agente estará agredindo a ordem jurídica, pois terá se comportado fora do que lhe permite a lei. Seu ato, em conseqüência, é ilícito e por isso mesmo corrigível juridicamente. Ao agir discricionariamente o agente estará, quando a lei lhe outorga tal faculdade (que é simultaneamente um dever), cumprindo a determinação normativa de ajuizar sobre o melhor meio de dar satisfação ao interesse público por força da determinação legal quanto ao comportamento adequado à satisfação do interesse público no caso concreto.[214]

Diante da hipótese de existirem duas entidades requerendo a qualificação de Organização Social, sendo que ambas preenchem os requisitos objetivos propostos na lei, qual será o argumento que terá a Administração para conferir o título para uma das entidades e negar à outra? Para Sílvio Luís Ferreira da Rocha, não há justificativa que possa ser exarada a fim de justificar tal situação, pois entende: "o artigo 2º, II, da Lei nº 9.637, que concedeu competência discricionária à administração, é inconstitucional, por violar o princípio da igualdade, pois se duas pessoas jurídicas preenchem os requisitos exigidos pelo referido artigo, e ambas pedem a qualidade de organização social, a Administração não poderá escolher uma das duas".[215]

III. A Lei nº 9.637/1998 disciplina, nos artigos 5º a 8º, o Contrato de Gestão, a respeito do qual se passa a tecer algumas

---

[214] MELLO. *Curso de direito administrativo*, p. 382.
[215] ROCHA. *Terceiro Setor*, p. 116.

considerações, tendo em vista que deve se submeter ao controle externo.[216]

Considerando que o §1º, do art. 6º, da Lei nº 9.637/98 prevê que "O Contrato de Gestão deve ser submetido, após aprovação pelo Conselho de Administração da entidade, ao Ministro de Estado ou autoridade supervisora da área correspondente à atividade fomentada",[217] é preciso ponderar que, neste dispositivo, não existe intenção do legislador em propor a submissão da Organização Social ao controle de órgão externo à sua estrutura, mas a oportunidade das partes acordantes estipularem quais serão os termos do contrato a ser firmado, determinando, pormenorizadamente, as suas obrigações.

Diferentemente, no *caput* do art. 8º, resta, expressamente, consignado que compete ao órgão ou entidade supervisora da área de atuação correspondente à atividade fomentada, o dever de fiscalizar o Contrato de Gestão firmado com a Organização Social.

O que se depreende das considerações tecidas é que, no art. 6º, oportuniza-se ao órgão ou entidade supervisora da área de atuação correspondente à atividade fomentada, apreciar o Contrato de Gestão, na qualidade de guardião do bem comum perseguido pela Administração Pública, com a assinatura do termo. Em contrapartida, no art. 8º ocupa a posição de garantidor do respeito dos princípios da legalidade, impessoalidade, moralidade, publicidade, economicidade.

Estabelecidas, pormenorizadamente, as obrigações de cada um dos contratantes, devem ser executadas de conformidade com o que foi previamente estipulado e supervisionado pela

---

[216] O Contrato de Gestão é o instrumento que define as atribuições, responsabilidades e obrigações do Poder Público e da organização social, no desempenho das atividades e serviços a serem desempenhados por esta. (ALVES. *Fundações, organizações sociais, agências executivas, organizações da sociedade civil de interesse público e outras modalidades de prestação de serviço público*, p. 202).

[217] BRASIL. Lei nº 9.637... *Diário Oficial da República Federativa do Brasil*, art. 6º, §1º.

entidade hierarquicamente superior àquela que firmou com a Organização Social, o Contrato de Gestão.

Neste diapasão são relevantes as considerações de Sílvio Luís Ferreira da Rocha, quando diz que:

> O acompanhamento da execução do contrato de gestão é direito e também dever da Administração e está a cargo do órgão ou entidade supervisora do Poder Público que assinou o contrato (art. 8, §1º), que nomeará uma Comissão de Avaliação composta por especialistas de notória capacidade e adequada qualificação para oferecer-lhe uma manifestação conclusiva do relatório encaminhado pela organização social ao término de cada exercício, ordinariamente, ou a qualquer momento, extraordinariamente; relatório, este que deverá comparar as metas propostas e os resultados obtidos e prestar as contas correspondentes ao exercício financeiro.[218]

Preceitua o parágrafo único do art. 8º que a entidade qualificada como Organização Social deve submeter os resultados alcançados com a execução dos contratos de gestão, à comissão de avaliação, indicada pela autoridade supervisora da área correspondente, composta por especialistas de notória capacidade e adequada qualificação.

Diante da imprecisão do contido no inciso X, do art. 4º e como nada foi dito a respeito da natureza da auditoria externa que deverá auxiliar o órgão competente para o controle interno, pode-se pensar que deve estar a cargo da comissão de avaliação, indicada pela autoridade supervisora da área correspondente, composta por especialistas de notória capacidade e adequada qualificação, na medida em que tal comissão não corresponde a órgão que integra a estrutura, nem da entidade supervisora, nem da Organização Social.

IV. Ainda, dentro do que se denomina de controle externo exercido pelo Judiciário, é preciso consignar que a Organização

---

[218] ROCHA. *Terceiro Setor*, p. 128-129.

Social, como qualquer pessoa jurídica, se submete ao controle jurisdicional e, desde que exerçam atividades delegadas, podem ser motivo de ações que visem o controle da Administração Pública.

Tanto é assim, que Sílvio Luís Ferreira da Rocha indaga sobre a possibilidade de o cidadão controlar, por intermédio da ação popular, os atos praticados pelas Organizações Sociais, e invalidar atos lesivos ao patrimônio público ou de entidade que o Estado participe, à moralidade administrativa, ao meio ambiente e ao patrimônio histórico e cultural.[219]

Isto porque, a propositura da ação popular, pelo cidadão, cabe para extinguir atos ou contratos administrativos ou a estes equiparados, quando ilegais ou lesivos ao patrimônio público e as Organizações Sociais não integram nem a Administração direta, nem a Administração indireta, nem, em relação a elas, existe a obrigatoriedade do Estado concorrer com mais de 50% do seu patrimônio. Porém, conclui o autor, "ante a amplitude do texto constitucional vigente que, pela sua redação, permite o uso da ação popular para anular ato lesivo ao patrimônio público ou de entidade de que o Estado participe, é possível concluir pela viabilidade do uso da ação popular para controle dos atos praticados pelas Organizações Sociais".[220]

Esta também é a opinião de Hely Lopes Meirelles, pois diz que a Constituição vigente aumentou a abrangência da ação popular e, "assim, pôs termo à dúvida se abrangeria também os atos praticados por entidades paraestatais (sociedades de economia mista, empresas públicas, serviços sociais autônomos e entes de cooperação) além dos órgãos da Administração centralizada".[221]

Isto sem esquecer que, de conformidade com o art. 18 e seguintes da Lei nº 9.637, a Organização Social pode resultar da

---

[219] ROCHA. *Terceiro Setor*, p. 132.
[220] ROCHA. *Terceiro Setor*, p. 132.
[221] MEIRELLES. *Mandado de segurança*, p. 126.

extinção de entidades públicas, e, deste modo, não é mais o espelho da sociedade civil, mas uma alternativa para o desempenho de tarefas de interesse público.

Para Cristiana Fortini,

> A organização social age como se o Estado ali estivesse. Age em substituição ao Pode Público de forma a atender à sociedade no que se relaciona à prestação dos serviços de saúde e educação (além de outros). Se o Estado reconhece sua incapacidade de bem prestar os serviços públicos sociais e vislumbra nas organizações sociais, melhor forma de fazê-lo, não há como enquadrar tais entidades no mesmo rol que abarca as demais pessoas jurídicas de direito privado cuja atuação igualmente ocorre na área dos serviços sociais, visto que estas últimas não têm o propósito de desonerar o Estado.[222]

Tanto isto é verdade que, como associação civil sem fins lucrativos, já existia antes do Poder Público lhe conceder o título de Organização Social e que só após ser assim considerada, passa a ter a possibilidade de firmar parceria com a Administração estatal, por meio dos contratos de gestão, e, a partir de então, para garantir o cumprimento da atividade que o Estado deveria desempenhar, este pode disponibilizar para as Organizações Sociais, dentre outros, recursos orçamentários, o uso de determinado bem público e a cessão de servidores.

Ademais, é preciso lembrar que o art. 7º da Lei nº 9.637/98, impõe à Organização Social a observância dos princípios que regem a Administração Pública, ou seja, dos princípios da legalidade, impessoalidade, moralidade, publicidade, economicidade.

Portanto, as Organizações Sociais, para fins de controle pelo Poder Judiciário, não podem ser tratadas como pessoas jurídicas de direito privado, já que o complexo normativo que a orienta delineia forma diferente e lhe imprime natureza especial. A regência publicista, que lhe dá suporte, exige que

---

[222] FORTINI. Organizações sociais: natureza jurídica da responsabilidade civil das organizações sociais em face dos danos causados a terceiros. *Interesse Público*, p. 118.

sua responsabilidade esteja submetida ao disposto no §6º, do art. 37 da Constituição Federal.

9.2 Controle interno

Por uma questão, eminentemente, de preferência pelo método lógico sistêmico, a abordagem a respeito do controle interno será feita, inicialmente, a partir dos pontos destacados na Lei que rege as Organizações Sociais a respeito das disposições normativas regulatórias do dever ser do controle, *interna corporis*, para, na seqüência, os dispositivos serem estudados em conjunto, em vez de analisados de modo individualizado.

A Lei nº 9.637/98 se refere, pela primeira vez, à atuação da Organização Social, no sentido de se auto-regular, quando determina, no inciso I, alínea *d*, do art. 2º da Lei nº 9.637/98 que: "São requisitos específicos para que as entidades privadas referidas no artigo anterior habilitem-se à qualificação como organização social: I - comprovar o registro de seu ato constitutivo, dispondo sobre: d) previsão de participação, no órgão colegiado de deliberação superior, de representantes do Poder Público e de membros da comunidade, de notória capacidade profissional e idoneidade moral".[223]

Posteriormente, preceitua no art. 3º que seu Conselho de Administração deve ser estruturado nos termos em que dispuser o respectivo estatuto, observando, para os fins de atendimento dos requisitos de qualificação, que sua composição deva ser plural, vale dizer, composto por representantes do Poder Público, da sociedade civil, de membros eleitos dentre os associados e dentre pessoas de notória capacidade profissional e reconhecida idoneidade moral e de outros indicados ou eleitos na forma por ele estabelecida.

---

[223] BRASIL. Lei nº 9.637... *Diário Oficial da República Federativa do Brasil*, art. 2º, inc. I, alínea d.

Dispõe o inciso X do art. 4º da Lei nº 9.637/1998 que compete ao Conselho de Administração das Organizações Sociais, "fiscalizar o cumprimento das diretrizes e metas definidas e aprovar os demonstrativos financeiros e contábeis e as contas anuais da entidade, com o auxílio de auditoria externa".[224]

E, por último, prevê o parágrafo único, do art. 6º que "o Contrato de Gestão deve ser submetido, após aprovação pelo Conselho de Administração da entidade, ao Ministro de Estado ou autoridade supervisora da área correspondente à atividade fomentada".[225]

Tendo em vista o conteúdo descrito nas determinações legais supra mencionadas, é possível dizer que o "órgão deliberativo superior" a que se refere o art. 2º, nada mais é do que o Conselho de Administração, reiteradas vezes, mencionado na Lei nº 9.637/98.

Francisco de Assis Alves pondera a respeito, que: "o Conselho de Administração da organização social, muito se assemelha ao tradicionalmente chamado Conselho Curador das Fundações. Ele é órgão deliberativo e normativo da Organização Social. É o seu órgão superior que, através de suas deliberações irá ditar a política administrativa da organização social, a ser executada pela Diretoria".[226]

Conforme preceituam os artigos 2º e 3º, da Lei nº 9.637/98, o Conselho de Administração deve ser composto: por membros de diversas categorias, de modo não paritário, sendo que, tal representatividade deve obedecer às porcentagens descritas pela lei.

Todo e qualquer membro do Conselho, deve, para tanto, obedecer aos trâmites previstos no estatuto da Organização, o

---

[224] BRASIL. Lei nº 9.637... *Diário Oficial da República Federativa do Brasil*, art. 4º, inc. X.
[225] BRASIL. Lei nº 9.637... *Diário Oficial da República Federativa do Brasil*, art. 6º, §único.
[226] ALVES. *Fundações, organizações sociais, agências executivas, organizações da sociedade civil de interesse público e outras modalidades de prestação de serviço público*, p. 195.

que obriga, também, àqueles indicados pelo Poder Público ou pela sociedade civil.

O que se vislumbra, portanto, é a realização do controle interno, com o auxílio de pessoas externas, que naturalmente, não integrariam a estrutura da entidade, o que, por sua vez, não descaracteriza o órgão parte integrante da estrutura da entidade.

Ainda, a respeito da composição do Conselho de Administração, importante trazer à baila, a posição de Ana Paula Rodrigues Silvano:

> O modelo de composição dos órgãos de deliberação superior da organização social é determinado na Lei nº 9.637/98. Assim, é requisito para a qualificação a previsão, no seu estatuto, da possibilidade de participação de representantes do Estado no Conselho de Administração (art. 3º, I, a). Isso visa a permitir o ato posterior de qualificação pelo Poder Público, o que, no entanto, pode se mostrar bastante temerário, visto que é o referido Conselho que aprova o contrato de gestão firmado entre o Poder Público e a Organização Social (art. 4º, II), gerando uma relação perigosa e sem maiores vantagens sociais.[227]

Depreende-se do disposto que por ser o Conselho de Administração composto, obrigatoriamente, por membros do Poder Público, e competir a ele a análise e a aprovação dos contratos de gestão firmados entre a entidade e o poder público, surge uma dúvida quanto à lisura do exame formulado por aquele, uma vez que a vontade do Conselho poderá ser influenciada pela opinião dos membros do Poder Público que o compõe, sendo importante, em situações como esta, verificar se as atitudes tomadas representam, fielmente, a busca do interesse público.

Aspecto distinto, a respeito da mesma temática é o posicionamento de Francisco de Assis Alves, quando aborda a questão da transformação do órgão superior da pessoa jurídica de direito privado, candidata a condição de Organização Social, em

---

[227] SILVANO. *Fundações públicas e Terceiro Setor*, p. 67-68.

Conselho de Administração, com composição plural: "Tal transformação, por certo, significará para a entidade abdicar-se do controle da política geral que detém na sua entidade, através do conselho original, cuja composição fora organizada pelos seus fundadores".[228]

Como se vê, parte da doutrina questiona a obrigatoriedade do Conselho de Administração ser composto por membros do Poder Público e da Sociedade Civil.

Muito embora pareça que merecem guarida às reflexões consignadas, é preciso, neste diapasão, anotar que a diversidade de origem dos membros que integram o Conselho de Administração, por vezes, é um mal necessário, pois será este o mecanismo para identificar e corrigir (retroceder) abusos cometidos pelo Poder Público na outorga do título de Organização Social, uma vez que conferido mediante a conveniência e oportunidade da Administração Pública.

Nos termos do art. 4º da Lei nº 9.637/97, vale lembrar que o Conselho de Administração ocupa a qualidade de órgão componente da entidade, encarregado da realização do controle interno, o que, conforme determinação legal deverá ocorrer com o auxílio de auditoria externa.

Assim, o legislador, ao redigir o dispositivo em comento, fez questão de assumir o compromisso de coadunação da Lei nº 9.637/98, com o mais moderno entendimento doutrinário, bem como com o mais atual direcionamento dos *tribunais de contas*.

Antonio Roque Citadini, em seu livro *O controle externo da Administração Pública*, estuda, em duas oportunidades, a realização de auditorias, primeiro enquanto auxiliares do controle interno e, posteriormente, como auxiliares do controle externo.

---

[228] ALVES. *Fundações, organizações sociais, agências executivas, organizações da sociedade civil de interesse público e outras modalidades de prestação de serviço público*, p. 195.

Quando se refere ao controle interno, ensina que não há delegação do dever de fiscalizar seus próprios atos, mas que parte do controle exercido sobre os atos do administrador passa a ser executada por empresas de auditorias contratadas pelo órgão, a fim de que a fiscalização da atividade desempenhada pelo Estado, seja feita de modo adequado.

No que tange ao controle externo, entende o citado autor que a introdução das técnicas de auditoria, nos órgãos de controle da administração, foi um importante acontecimento.[229]

Ainda sobre o dispositivo mencionado importante perceber que o dever de auxílio de auditoria externa será obrigatório apenas quando o Conselho de Administração estiver analisando as contas anuais e os balanços financeiros da instituição.

Francisco de Assis Alves, no entanto, entende que o auxílio de auditoria externa deve ser aplicado, inclusive, quando da avaliação das diretrizes e das metas previamente estipuladas.

Não parece ser este o sentido do auxílio pretendido, pois a qualificação de uma entidade como Organização Social depende, conforme já dito, de uma fase objetiva e de uma subjetiva. No que tange à objetiva, após ter sido conferido o título de Organização Social, pode a instituição entender que, nesta qualidade, não quer mais atuar, de sorte que passa a não se enquadrar nos requisitos objetivos previstos na lei, o que, após procedimento administrativo previsto no art. 16, da Lei nº 9.637, acarretará sua desqualificação.

Por ser a desqualificação das Organizações instituto que depende também da análise objetiva de elementos, cuja ausência pode ser acidental ou proposital, não há que se falar em auditoria externa no que tange a análise da verificação do cumprimento das metas e das diretrizes propostas.

---

[229] CITADINI. *O controle externo da Administração Pública*. p. 91-92,108.

Como último apontamento acerca do controle *interna corporis*, no que tange ao contido no art. 6º da Lei nº 9.637/88, deve-se ponderar que conforme seu parágrafo único, compete ao Conselho de Administração analisar todo e qualquer Contrato de Gestão que venha a ser firmado pela entidade, a fim de confirmar se os termos em que este foi redigido condizem com a verdade material. Assim, muito embora o Contrato de Gestão seja um negócio jurídico, corporificado em um ato, cuja análise cabe, inicialmente ao Conselho de Administração, não significa dizer que exista aí uma hipótese típica de controle interno, pois aquele órgão analisará o documento com o fito de observar se está em harmonia com o propósito da entidade, bem como com a capacidade de que dispõe.

9.3 Controle de resultado

Estabelece o inciso I e II, do art. 20, da Lei nº 9.637 de 1998:

Art. 20. Será criado, mediante decreto do Poder Executivo, o Programa Nacional de Publicização – PNP, com o objetivo de estabelecer diretrizes e critérios para a qualificação de organizações sociais, a fim de assegurar a absorção de atividades desenvolvidas por entidades ou órgãos públicos da União, que atuem nas atividades referidas no art. 1º, por organizações sociais, qualificadas na forma desta Lei, observadas as seguintes diretrizes:

I - ênfase no atendimento do cidadão-cliente;

II - ênfase nos resultados, qualitativos e quantitativos nos prazos pactuados;[230]

Significam as proposições consignadas que as Organizações Sociais têm a obrigação de se submeterem, além do controle interno e externo, ao controle de resultados.

De Plácido e Silva, em seu *Vocabulário jurídico*, entende por resultado, "o efeito ou a conseqüência de algum fato ou ato".[231]

---

[230] BRASIL. Lei nº 9.637... *Diário Oficial da República Federativa do Brasil*, art. 20, inc. I e II.
[231] SILVA. *Vocabulário jurídico*, p. 130.

Conforme o Caderno n° 2, do Ministério da Administração Federal e Reforma do Estado, quando trata, especificamente, das Organizações Sociais, o controle de resultados é a verificação efetivada, pelo Ministério supervisor competente, nos contratos de gestão firmados com o Poder Público, para identificar se os objetivos propostos estão sendo alcançados a contento e tempestivamente, o que, caso assim não ocorra, será passível de redirecionamento.

Como se pode ver, o controle dos resultados deve ser feito de modo concomitante com a execução do Contrato de Gestão, para que, caso haja algum problema no seu desempenho, seja possível uma readequação aos ditames da política pública identificada, previamente, como seu mote.

Assim, a verificação feita pelo Ministério supervisor competente sobre os contratos de gestão firmados entre as Organizações Sociais e o Poder Público, deve ocorrer mediante a apresentação, por parte da instituição, de relatórios anuais, ao fim do exercício financeiro, nos moldes do §2° do art. 8° da Lei n° 9.637/98.

Uma vez preestabelecidas, no Contrato de Gestão, as metas a serem atingidas, necessário verificar, por meio dos relatórios apresentados, se estão sendo adimplidas, pois a finalidade da Organização Social, ao prestar o serviço, é a consecução do interesse público.[232]

Marcus Vinicius Corrêa Bittencourt conclui pela obrigatoriedade da apresentação de resultados positivos para o serviço

---

[232] Art. 8° A execução do Contrato de Gestão celebrado por organização social será fiscalizada pelo órgão ou entidade supervisora da área de atuação correspondente à atividade fomentada.
§1° A entidade qualificada apresentará ao órgão ou entidade do Poder Público supervisora signatária do contrato, ao término de cada exercício ou a qualquer momento, conforme recomende o interesse público, relatório pertinente à execução do Contrato de Gestão, contendo comparativo específico das metas propostas com os resultados alcançados, acompanhado da prestação de contas correspondente ao exercício financeiro. (BRASIL. Lei n° 9.637... *Diário Oficial da República Federativa do Brasil*).

público e satisfatório atendimento das necessidades do administrador, não apenas na conduta do servidor público, mas também de toda Administração Pública.[233]

Diante da necessária correlação entre os resultados alcançados e as metas propostas, Emerson Gabardo, ao tratar da relação existente entre eficiência, eficácia e efetividade, considera como uma das interpretações possíveis para os termos, a distinção que parte da dicotomia entre meios e fins. Nesta, o princípio da eficiência está diretamente relacionado ao emprego dos meios mais adequados para alcançar os fins pretendidos, enquanto que a eficácia se atém a simples produção dos resultados.[234]

Deste modo, é possível afirmar que uma Organização Social estará prestando um serviço de modo eficiente quando os meios empregados para atingir a finalidade proposta forem os mais adequados, e de modo eficaz quando aqueles proporcionarem a obtenção do melhor resultado possível.

Importante, ainda, trazer à baila o entendimento de Emerson Gabardo, quando da formulação das conclusões de seu livro *Princípios constitucionais da eficiência administrativa*:

> O princípio constitucional da eficiência administrativa, expressado na Constituição Federal de 1988 pela Emenda Constitucional nº 19/98, já era implícito à estrutura do regime republicano. Sua natureza jurídica, é, portanto, inconteste, haja vista não só a sua formalização constitucional, mas, principalmente, a sua característica de princípio constitucional, cuja ontologia é inafastavelmente normativa. Assim sendo, o princípio não deve ser considerado uma mera transposição de um parâmetro da administração da administração privada, nem implica uma derrogação de qualquer outro princípio constitucional, notadamente o da legalidade.[235]

Como se pode ver, o princípio da eficiência necessita ser prestigiado, o que não significa que os demais princípios

---

[233] BITTENCOURT. *Manual de direito administrativo*, p. 34.
[234] GABARDO. *Princípios constitucionais da eficiência administrativa*.
[235] GABARDO. *Princípios constitucionais da eficiência administrativa*, p. 147.

CONTROLE DAS ORGANIZAÇÕES SOCIAIS | 153

constitucionais devam ser preteridos, uma vez que, estes, caso conflitem entre si, necessitam de ponderação frente a um caso concreto.[236]

9.4 Controle social

O inciso III do art. 20 da Lei nº 9.637 de 1998, determina, como diretriz a ser seguida pelas Organizações Sociais, o controle social das atividades desempenhadas.

In verbis:

> Art. 20. Será criado, mediante decreto do Poder Executivo, o Programa Nacional de Publicização – PNP, com o objetivo de estabelecer diretrizes e critérios para a qualificação de organizações sociais, a fim de assegurar a absorção de atividades desenvolvidas por entidades ou órgãos públicos da União, que atuem nas atividades referidas no art. 1º, por organizações sociais, qualificadas na forma desta Lei, observadas as seguintes diretrizes: (...)
>
> a (...) III - controle social das ações de forma transparente.[237]

Do dispositivo transcrito depreende-se que o legislador, ao redigi-lo, fez questão de deixar consignada a obrigatoriedade de submissão das Organizações Sociais ao controle social.

Roberto Dromi ao tratar do controle não estatal ensina:

> Además de los controles intraestatales (que pueden ser intraorgánicos, interorganicos y extraorganicos) existen diferentes mecanismos de control social o comunitátio. Así, del mismo modo que las asociaciones intermédias, como partidos políticos, consejos professionales, organizaciones o asociaciones de consumidores y usuários y consejos econômicos y sociales, entre otras, llevan a cabo uma función de gestion, también cumplen uma fiscalización social, facultativa e informal, sobre la actividad de gestión estatal y no estatal.[238]

---

[236] Não se pode olvidar os princípios da legalidade e da moralidade em nome de uma eficiência própria de empresas privadas e inaplicável na seara pública... Daí a importância de não se perder de vista que o princípio da eficiência não é filho único da Administração Pública, senão irmão mais novo dos princípios da legalidade, moralidade, impessoalidade e publicidade. (BITTENCOURT. *Manual de direito administrativo*, p. 34-35).

[237] BRASIL. Lei nº 9.637... *Diário Oficial da República Federativa do Brasil*, art. 20, inc. III.

[238] DROMI. *El Derecho Público en la Hipermodernidad*, p. 348.

Desta forma, controle social é aquele realizado por qualquer cidadão, individualmente considerado ou organizado em entidades representativas de parcelas da população.

Este modo de fiscalização direta, pela sociedade, pode ser exercido com finalidade preventiva ou repressiva, ou seja, pode anteceder a realização de um ato, o que pode ocorrer mediante consulta popular formulada pela entidade prestadora do serviço, ou reprimir alguma atividade já posta em prática, o que se dá mediante denúncias, requerimentos ou petições dirigidas diretamente à Organização Social.

Sobre o assunto dispôs Roberto Dromi:

> Em nuestros días el control y la fiscalización no estatal se llevam a cabo a partir de la participación en los procedimientos de formación de la decisión administrativa, sea a nível de consulta o de asesoramineto prévio a la emisión del acto administrativo (tal es el caso de lãs audiências públicas como formas de participación social).
>
> (...) También puede efectuarse el control por denuncias, reclamos, petitórios y propuestas y la difusión periodística; por manifestaciones, marchas y otros actos masivos de oposición o protesta.[239]

Ademais dos mecanismos possíveis, já mencionados, de concretização do controle social, importante ressaltar o entendimento de Ana Paula Rodrigues Silvano, quando identifica, ainda, como seu instrumento a ação popular, que, conforme o inciso LXXIII do art. 5º da Constituição Federal, admite que qualquer cidadão pode ser o sujeito ativo de ação que vise a anulação de ato lesivo ao patrimônio público ou de entidade de que o Estado participe, à moralidade administrativa, ao meio ambiente e ao patrimônio histórico e cultural, ficando o autor, salvo comprovada má-fé, isento de custas judiciais e do ônus da sucumbência.[240]

---

[239] DROMI. *El Derecho Público en la Hipermodernidad*, p. 348-349.
[240] SILVANO. *Fundações públicas e Terceiro Setor*. p. 73.

CONTROLE DAS ORGANIZAÇÕES SOCIAIS | 155

Para viabilizar o controle social a posteriori, é preciso que os atos praticados pela entidade sejam disponibilizados publicamente, bem como veiculados nos órgão de imprensa.

Tal difusão é imprescindível, pois é de certo modo o que garante a efetividade do controle realizado pelos cidadãos, uma vez que somente poderá se concretizar uma fiscalização social, se para as pessoas, sujeitos ativos desta, for dado conhecimento a respeito do que devem apreciar.

Benjamin Zymler atrela a realização do controle social ao estabelecimento de vínculos entre a sociedade e os órgãos controladores por excelência, a fim de que haja o compartilhamento de informações, a correta canalização das demandas sociais, bem como o auxílio de técnicos especializados do Poder Público, na análise dos atos praticados.[241]

Quanto à possibilidade da realização do controle social de modo indireto, relevante a colocação de Ana Paula Silvano quando diz: "Outrossim, existe a possibilidade de fiscalização e controle a serem exercidos pela sociedade. Indiretamente, através do Ministério Público, pela instauração do inquérito civil e propositura da ação civil pública".[242]

Decorre a possibilidade exposta da condição conferida ao Ministério Público pelo art. 127 da Constituição Federal, como instituição incumbida da defesa dos interesses sociais e individuais indisponíveis.[243]

Independentemente da modalidade em que ocorre, seja controle social direto ou indireto, o relevante é que este alcance a sua finalidade, qual seja, a de verificar se os atos produzidos

---

[241] ZYMLER. *Direito administrativo e controle*, p. 314, 332.
[242] SILVANO. *Fundações públicas e Terceiro Setor*, p. 73.
[243] Art. 127. O Ministério Público é instituição permanente, essencial à função jurisdicional do Estado, incumbindo-lhe a defesa da ordem jurídica, do regime democrático e dos interesses sociais e individuais indisponíveis. (BRASIL. *Constituição*).

pela Organização Social estão de acordo com o objetivo proposto pela entidade.

Diogo Figueiredo Moreira Neto afirma:

> A experiência tem demonstrado que apenas os controles estatais não são suficientes para garantir uma reta administração pública, além de serem, eles próprios, tendencialmente burocratizados e dispendiosos.
>
> Por outro lado, os controles quando abertos à sociedade, através de instrumentos participativos, são muito mais eficientes, pois multiplicam o número de fiscais sem ônus para os contribuintes.[244]

Entende-se que a melhor solução para realização de um controle eficiente das Organizações Sociais, parte da conjugação de todas as técnicas aqui estudadas, pois se o controle estatal não é suficiente, não deve ser dispensado, principalmente quando se considera o controle técnico, externo, realizado pelos tribunais de contas, e mais, não deve ser amesquinhado o controle interno, na medida em que representa uma autoanálise da Organização Social quanto ao atendimento de seus objetivos.

---

[244] MOREIRA NETO. *Mutações do direito administrativo*, p. 24.

Conclusão

1 O modelo de Estado Social operacionalizado pelo modelo burocrático começa a ruir e, em seu lugar, surge a Administração Pública gerencial, com novos mecanismos previstos para solucionar a ineficiência na prestação dos serviços públicos; aparecem no cenário estatal as entidades formadoras do Terceiro Setor, ou seja, entes privados, sem finalidade lucrativa, que objetivando o bem da coletividade prestam serviços de caráter ou interesse público.

2 Como produto da Reforma do Estado, iniciada pelo presidente Fernando Collor de Mello e concluída pelo presidente Fernando Henrique Cardoso, dá-se a criação das Organizações Sociais e das Organizações da Sociedade Civil de Interesse Público, entidades que prestam atividades de relevante interesse público, mas com personalidade de direito privado, criadas pelo legislador infraconstitucional.

3 As Organizações Sociais são pessoas jurídicas de direito privado, com qualificação conferida pelo Poder Público, por meio de ato administrativo complexo e discricionário, àquelas fundações e sociedades civis sem fins lucrativos que preencham os requisitos previstos no art. 1º e 2º, da Lei nº 9.637/1998, as quais podem desempenhar apenas atividades relacionadas ao ensino, à pesquisa científica, ao desenvolvimento tecnológico, à proteção e preservação do meio ambiente, à cultura e à saúde.

4 Conferido o título de Organização Social surge, caso seja de interesse das partes, a possibilidade de firmar Contrato de

Gestão com a Administração Pública, mediante prévio procedimento licitatório, com vistas à formação de parceria para fomento e execução de atividades relativas às áreas relacionadas no art. 1º da Lei nº 9.637/88.

5 A Constituição Federal Brasileira determina mecanismos para fiscalizar a Administração Pública.

6 O controle interno é o autocontrole, por meio do qual autoridade pública fará uma revisão nos seus próprios atos, podendo tal verificação ser deflagrada pela própria autoridade executora (ex-ofício), ou por provocação de qualquer pessoa.

7 O controle externo é realizado pelo Tribunal de Contas, na condição de Auxiliar do Legislativo e pelo Poder Judiciário.

8 As Organizações Sociais, como pessoas jurídicas de direito privado, integrantes do Terceiro Setor, estão excluídas, pela Constituição Federal, da obrigatoriedade de observar os parâmetros propostos acerca do controle fiscal, contábil e financeiro, nos moldes dos artigos 71 a 75, uma vez que estes, são imperativos apenas para as pessoas jurídicas de direito público integrantes das administrações direta, indireta e fundacionais.

9 Tendo as Organizações Sociais recebido, administrado, bens ou valores do Poder Público, mediante Contrato de Gestão, tem o dever de prestar contas, conforme o parágrafo único, do art. 70 da Constituição Federal, nos moldes do inciso II, do art. 71 da Carta Magna.

10 Considerando que o ordenamento jurídico brasileiro é ordenado de modo sistêmico hierarquizado, relevante observar o disposto no art. 9º da Lei nº 9.637/98, onde está expressamente consignada a submissão das Contas das Organizações Sociais ao Tribunal de Contas da União, sendo este uma modalidade de controle externo a que deve se submeter.

11 A concessão da qualificação de Organização Social pelo Poder Executivo configura a primeira hipótese de controle externo, identificada na Lei nº 9.637/98.

12 O art. 6º da Lei nº 9.637/98 fixa a oportunidade do órgão ou entidade supervisora da área de atuação correspondente à atividade fomentada, apreciar o Contrato de Gestão, na qualidade de guardião do bem comum perseguido pela Administração Pública. Em contrapartida, no *caput* do art. 8º, ocupa a posição de garantidor dos princípios da legalidade, impessoalidade, moralidade, publicidade, economicidade.

13 Levando-se em conta a indicação, contida no parágrafo único do art. 8º, e a imprecisão do contido no inciso X, do art. 4º, da Lei nº 9.637/98, e como nada foi dito a respeito da natureza da auditoria externa que deverá auxiliar o órgão competente para o controle interno, pode-se pensar que aquela deve estar a cargo da comissão de avaliação, indicada pela autoridade supervisora da área correspondente, composta por especialistas de notória capacidade e adequada qualificação, na medida em que tal comissão não corresponde a órgão que integra a estrutura nem da entidade supervisora, nem da Organização Social.

14 O "órgão deliberativo superior" a que se refere o art. 2º, nada mais é do que o Conselho de Administração, ao qual compete a análise e a aprovação dos contratos de gestão firmados entre a entidade e o poder público e cuja composição deve ser plural, mas não paritária. O que se vislumbra é a realização do controle interno, com o auxílio de pessoas externas, que naturalmente, não integrariam a estrutura da entidade.

15 Quanto a decisão do legislador de obrigar o Conselho de Administração na realização do controle interno ter o auxílio de auditoria externa, este somente será obrigatório quando o Conselho de Administração estiver analisando as contas anuais e os balanços financeiros da instituição. Não havendo a necessidade de auxílio quando da verificação das diretrizes e metas definidas, pois estas se configuram como requisitos objetivos para a qualificação.

16 Conforme prescrição contida nos incisos I e II do art. 20, da Lei n° 9.637/98, as Organizações Sociais submetem-se, além do controle interno e externo, ao controle de resultados, cuja finalidade é identificar se os objetivos propostos, nos contratos de gestão, estão sendo alcançados a contento e tempestivamente. Tal verificação dar-se-á mediante a apresentação, por parte da instituição, de relatórios anuais, ao fim do exercício financeiro, nos moldes do §2° do art. 8° da Lei n° 9.637/98.

17 Diante da necessária correlação entre os resultados alcançados e as metas propostas, uma Organização Social estará prestando um serviço de modo eficiente quando os meios empregados para atingir a finalidade proposta forem os mais adequados, e de modo eficaz quando aqueles proporcionarem a obtenção do melhor resultado possível.

18 O inciso III do art. 20 da Lei n° 9.637 de 1998, determina, como diretriz a ser seguida pelas Organizações Sociais, o controle social das atividades desempenhadas, sendo uma verificação exercida por qualquer cidadão, individualmente considerado ou organizado em entidades representativas de parcelas da população. Quando o controle social for realizado por cidadãos, de modo individual, estar-se-á realizando o controle na modalidade direta, de outro modo, quando for efetuado por entidades representativas de parcela da população, será a modalidade indireta.

Referências

ALVES, Francisco de Assis. *Fundações, organizações sociais, agências executivas, organizações da sociedade civil de interesse público e outras modalidades de prestação de serviço público*. São Paulo: LTr, 2000.

ANDERSON, Perry. *Balanço do neoliberalismo, pós-neoliberalismo*: as políticas sociais e o Estado democrático. Rio de Janeiro: Paz e Terra, 1995.

ATALIBA, Geraldo. *Hipóteses de incidência tributária*. 2. ed. São Paulo: Revista dos Tribunais, 1975.

BACELLAR FILHO, Romeu Felipe. *Direito administrativo*. São Paulo: Saraiva, 2005. (Coleção Curso e Concurso).

BARBOZA, Edílson. Gestão contábil e sistemas de informações aplicáveis às entidades sem fins lucrativos: aspectos legais, normativos e deficiências. In: ESPÍRITO SANTO. Ministério Público. *Terceiro Setor*: fundações e entidades de interesse social. Vitória: Ministério Público do Estado do Espírito Santo, Centro de Estudos e Aperfeiçoamento Funcional, 2004. (Coleção do Avesso ao Direito; 4).

BARROSO, Roberto. *O direito constitucional e a efetividade de suas normas*. 2. ed. Rio de Janeiro: Renovar, 1988.

BASTOS, Celso Ribeiro. *Curso de direito constitucional*. 19. ed. São Paulo: Saraiva, 1998.

BASTOS, Celso Ribeiro. *Curso de teoria do Estado e ciência política*. São Paulo: Saraiva, 1986.

BITTENCOURT, Marcus Vinicius Corrêa. *Manual de direito administrativo*. Belo Horizonte: Fórum, 2005.

BONAVIDES, Paulo. *Curso de direito constitucional*. 8. ed. São Paulo: Malheiros, 1999.

BORGES, Alice Gonzáles. A implantação da Administração Pública gerencial na Emenda Constitucional nº 19/98. *Boletim de Direito Administrativo*, São Paulo, p. 89, fev. 1999.

BRASIL. *Código de processo civil*. 35. ed. São Paulo: Saraiva, 2005.

BRASIL. *Constituição*. Brasília: Senado Federal, 1988.

BRASIL. Constituição (1988). Emenda Constitucional nº 19, de 4 de junho de 1998. Modifica o regime e dispõe sobre princípios e normas da Administração Pública, servidores e agentes políticos, controle de despesas e finanças públicas e custeio de atividades a cargo do Distrito Federal, e dá outras providências. *Lex*: legislação federal e marginália, São Paulo, v. 62, p. 2027, jun. 1998.

BRASIL. Lei n° 9.637, de 15 de maio de 1998. Dispõe sobre a qualificação de entidades como organizações sociais, a criação do programa nacional de publicização, a extinção dos órgãos e entidades que menciona e a absorção de suas atividades por organizações sociais, e dá outras providências. *Diário Oficial da República Federativa do Brasil*, Poder Executivo, Brasília, DF, 18 maio 1998. Seção 1, p. 8.

BRASIL. Supremo Tribunal Federal. Recurso em Mandado de Segurança n° 21.514-DF. Relator: Ministro Marco Aurélio Mello, 27 abr. 1993. *Revista Trimestral de Jurisprudência*, Brasília, n. 150, p. 104-119, out. 1994.

CITADINI, Antonio Roque. *O controle externo da Administração Pública*. São Paulo: Max Limonad, 1995.

COELHO, Paulo Magalhães da Costa. *Controle jurisdicional da Administração Pública*. São Paulo: Saraiva, 2002

CORRÊA, Oscar Dias. *A Constituição de 1988*: contribuição crítica. São Paulo: Forense Universitária, 1991.

DI PIETRO, Maria Sylvia Zanella. *Direito administrativo*. 8. ed. São Paulo: Atlas, 1997.

DI PIETRO, Maria Sylvia Zanella. *Parcerias na Administração Pública*. 5. ed. São Paulo: Atlas, 2005.

DROMI, José Roberto. *Derecho Administrativo*. 6. ed. Buenos Aires: Ediciones Ciudad Argentina, 1997.

DROMI, José Roberto. *El Derecho Público en la Hipermodernidad*. Madrid: Servicios de Publicaciones, Facultad de Derecho, Universidad Complutense, 2005. (Colección Derecho Público y Empresa).

DROMI, José Roberto. *El Derecho Público en la Modernidad*. Madrid: Hispania Libros, 2005. (Colección Derecho Público y Empresa, 1.)

DROMI, José Roberto. *Derecho Subjetivo y Responsabilida Publica*. Bogotá: [s.n], 1980.

FAGUNDES, Seabra. *O controle dos atos administrativos pelo poder judiciário*. 3. ed. Rio de Janeiro: Forense, 1957.

FERRARI, Regina Maria Macedo Nery. *Direito municipal*. São Paulo: Revista dos Tribunais, 2005.

FERRAZ, Luciano. *Controle da Administração Pública*. Belo Horizonte: Mandamentos, 1999.

FERREIRA FILHO, Manoel Gonçalves. *Constituição e governabilidade*: ensaio sobre a (in) governabilidade brasileira. São Paulo: Saraiva, 1995.

FIGUEIREDO, Lúcia Valle. *Curso de direito administrativo*. 6. ed. São Paulo: Malheiros, 2002.

FORSTHOFF, Ernest. *Tratado de Derecho Administrativo.* Madrid: Instituto de Estudios Políticos, 1958.

FORTINI, Cristiana. Organizações sociais: natureza jurídica da responsabilidade civil das organizações sociais em face dos danos causados a terceiros. *Interesse Público*, Porto Alegre, v. 8, n. 38, p. 113-122, jul./ago. 2006.

FREITAS, Juarez. Organizações sociais: sugestões para o aprimoramento do modelo federal. *Revista de Informação Legislativa*, Brasília, v. 35, n. 140, p. 133-138, out./dez. 1998.

GABARDO, Emerson. *Eficiência e legitimidade do Estado.* São Paulo: Manole, 2003.

GABARDO, Emerson. *Princípios constitucionais da eficiência administrativa.* São Paulo: Dialética, 2002.

GASPARINI, Diogenes. *Direito administrativo.* São Paulo: Saraiva, 1992.

HAYEK, Frederich. O caminho da servidão. In: ANDERSON, Perry. *Balanço do neoliberalismo, pós-neoliberalismo*: as políticas sociais e o Estado democrático. Rio de Janeiro: Paz e Terra, 1995.

HESSE, Konrad. *Escritos de Derecho Constitucional.* 2.ed. Madrid: Centro de Estúdios Constitucionales, 1992.

JUSTEN FILHO, Marçal. *Comentários à lei de licitações e contratos administrativos.* São Paulo: Dialética, 1999.

JUSTEN FILHO, Marçal. *Comentários à lei de licitações e contratos administrativos.* 9. ed. São Paulo: Dialética, 2002.

JUSTEN FILHO, Marçal. *Curso de direito administrativo.* São Paulo: Saraiva, 2005.

KELSEN, Hans. *Teoria general del Derecho y del Estado.* Tradução de Eduardo Garcia-Maynes. 2. ed. México: Imprenta Universitária, 1958.

KELSEN, Hans. *Teoria pura do direito.* 43. ed. Coimbra: Armênio Amado, 1974.

MADEIRA, José Maria Pinheiro. *Administração Pública centralizada e descentralizada.* Rio de Janeiro: América Jurídica, 2000.

MAIORANO, Jorge Luis. *El Ombudsman Defensor del Pueblo y las Instituciones Republicanas.* Buenos Aires: Macchi, 1987.

MEDAUAR, Odete. *Controle da Administração Pública.* São Paulo: Revista dos Tribunais, 1993.

MEIRELLES, Hely Lopes. *Direito administrativo brasileiro.* 18. ed. São Paulo: Malheiros, 1990.

MEIRELLES, Hely Lopes. *Direito administrativo brasileiro.* 23. ed. São Paulo: Malheiros, 1998.

MEIRELLES, Hely Lopes. *Mandado de segurança.* 27. ed. São Paulo: Malheiros, 2004.

MELLO, Celso Antônio Bandeira de. *Curso de direito administrativo*. 14. ed. São Paulo: Malheiros, 2002.

MELLO, José Luiz de Anhaia. *Da separação de poderes à guarda da Constituição*. São Paulo: Revista dos Tribunais, 1968.

MELO, José Tarcízio de Almeida. *Reformas administrativa, previdenciária, do judiciário*. Belo Horizonte: Del Rey, 2000.

MIRANDA, Jorge. *Manual de direito constitucional*. 2. ed. Coimbra: Coimbra, 1988.

MIRANDA, Jorge. *Manual de direito constitucional*. Coimbra: Coimbra, 1996. t. 2.

MODESTO, Paulo. *Parcerias público-privadas*. São Paulo: Malheiros, 2005.

MORAES, Alexandre de. *Constituição do Brasil interpretada*. São Paulo: Atlas, 2002.

MOREIRA NETO, Diogo Figueiredo. *Apontamentos sobre a reforma administrativa*. Rio de Janeiro: Renovar, 1999.

MOREIRA NETO, Diogo Figueiredo. *Mutações do direito administrativo*. 2. ed. Rio de Janeiro: Renovar, 2001.

MOREIRA, Vital. *Administração autônoma e associações públicas*. Coimbra: Coimbra, 1997.

OLIVEIRA, Gustavo Justino de; MÂNICA, Fernando Borges. Organizações da Sociedade Civil de Interesse Público: termo de parcerias e licitação. *Fórum Administrativo – Direito Público*, Belo Horizonte, v. 5, n. 49, p. 5225-5237, mar. 2005.

REALE, Miguel. *O Estado Democrático de Direito e o conflito das ideologias*. São Paulo: Saraiva, 1999.

ROCHA, Sílvio Luís Ferreira da. *Terceiro Setor*. São Paulo: Malheiros, 2003. (Coleção Temas De Direito Administrativo, 7).

SANCHES VIAMONTE, Carlos. *Manual de Derecho Constitucional*. Buenos Aires: Kapulex, 1956.

SCHIER, Adriana da Costa Ricardo. Administração Pública: apontamentos sobre os modelos de gestão e tendências atuais. In: GUIMARÃES, Edgar (Coord.). *Cenários do direito administrativo*: estudos em homenagem ao professor Romeu Felipe Bacellar Filho. Belo Horizonte: Fórum, 2004.

SCHIER, Adriana da Costa Ricardo. *A participação popular na Administração Pública*: o direito de reclamação. Rio De Janeiro: Renovar, 2002.

SILVA, De Plácido e. *Vocabulário jurídico*. 7. ed. Rio de Janeiro: Forense, 1982. v. 4.

SILVA, José Afonso da. *Aplicabilidade das normas constitucionais*. 3. ed. São Paulo: Malheiros, 1998.

SILVA, José Afonso da. *Comentários contextual à Constituição*. São Paulo: Malheiros, 2005.

SILVA, José Afonso da. *Curso de direito constitucional positivo*. 27. ed. São Paulo: Malheiros, 2006.

SILVA, José Afonso da. *Curso de direito constitucional positivo*. 6. ed. São Paulo: Revista dos Tribunais, 1990.

SILVANO, Ana Paula Rodrigues. *Fundações públicas e Terceiro Setor*. Rio de Janeiro: Lúmen Juris, 2003.

STREK, Lênio. *Hermenêutica jurídica e(m) crise*: uma exploração hermenêutica da construção do direito. 6. ed. Porto Alegre: Livraria do Advogado, 2005.

TEIXEIRA, José Horácio Meirelles. *Curso de direito constitucional*. São Paulo: Forense Universitária, 1991.

TORRES, Silvia Faber. *O princípio da subsidiariedade no direito público contemporâneo*. Rio de Janeiro: Renovar, 2001.

VALDÉS, Daisy de Asper y. A instituição brasileira do "Ombudsman": o papel do Ministério Público. *Revista da Procuradoria-Geral da República*, São Paulo, n. 1, p. 139-152, out./dez. 1992.

ZIPPELIUS, Reinhold. *Teoria geral do Estado*. 3. ed. Lisboa: Fundação Calouste Gulbenkian, 1971.

ZYMLER, Benjamin. *Direito administrativo e controle*. Belo Horizonte: Fórum, 2005.

Índice

A

Ação civil pública
- Conceito 121
- Interesses coletivos 122

Ação popular
- Conceito 117

Administração direta
- Conceito 59, 73

Administração indireta
- Conceito 59

Administração pública
- Burocracia
- - Conceito 42, 56
- - História 42
- Centralização
- - Conceito 56
- Descentralização
- - Conceito 56
- Fiscalização 87

Administração pública gerencial
- Características 57
- Conceitos 31, 35, 42, 57
- Objetivos 57
- Surgimento 157

Autocontrole
- Conceito 90

B

Brasil. [Constituição (1988)]
- Art. 1º 23, 25
- Art. 5º 91
- Art. 21 49
- - Competências (divisão) 49
- Art. 25 49
- Art. 30 50
- Art. 37 .... 67, 72, 75, 135
- Art. 70 136
- Art. 71 137
- Art. 127 155
- Art. 173 .... 39, 53
- Art. 175 50
- Atos das Disposições Constitucionais Transitórias (ADCT)
- - Art. 3º 25
- Atuação 23
- Elaboração 24
- Emenda constitucional nº 19/1998 .. 70
- Formal 22, 24
- Material 21
- Objetivo 16, 26
- Princípio da legalidade 32, 67
ver também Controle interno

C

Cidadania
- Conceito 127

Constituição Federal do Brasil
ver Brasil. [Constituição (1988)]

Constituições
- Conceitos 15, 17, 18, 30
- Democracia 31

Contratos de gestão
- Assinatura 76
- Conceitos 54, 70, 71, 74, 138, 141, 159
- Execução 142
- Lei nº 8.246/1991 69

Controle (da Administração Pública)
- Classificação 88
- Conceito 87

Controle externo
- Conceitos 94, 136, 149, 158

168 PAOLA NERY FERRARI · REGINA MARIA MACEDO NERY FERRARI

página

Controle fiscal
- Competência 100
Controle hierárquico 93
Controle interno
- Brasil. [Constituição (1988)]
- - Art. 74 89
- - Art. 75 101
- Conceitos 90, 94, 149, 158
Controle jurisdicional
- Conceitos 103, 104, 128, 143
Controle parlamentar
- Conceito 95-97
Controle social
- Conceito 153, 154
- Democracia 124, 125
- Novas formas 53

D

Decreto-lei n° 200/1967 58
Direito líquido e certo 112
Direitos e garantias individuais 29

E

Estado
- Conceitos 30, 32
- - Igreja Católica. Papa (1978-2005: João Paulo II) 39
- Deveres 40, 50, 52
Estado de Bem-Estar
- Igualitarismo 32
- Objetivos 29
Estado Democrático
- Objetivo 16
Estado Democrático de Direito 18
- Conceito
- - Brasil. [Constituição (1988)] 25
Estado Liberal
- Alemanha. [Verfassung (1919)] 29
- Conceitos 27, 55
- México. [Constituição (1917)] 29
- Oposição 28
- Transição 29

página

Estado Social
- Conceito 34, 56
Estado Subsidiário
- Brasil
- - Ministério da Administração Federal e Reforma do Estado (MARE)
- - - Plano Diretor da Reforma do Estado 41, 63, 64
- Objetivos 41
- Princípio da subsidiariedade 38, 39
- - Igreja Católica (Doutrina Social) .. 38
- - - Quadragesimo Anno n° 79 39
ver também Estado

G

Gestão
- Conceito 71

H

Habeas corpus
- Conceitos 107
Habeas data
- Conceitos 119, 120
- Lei n° 9.507/1997 121
- Objetivo 120

I

Interesse público 37

L

Lei n° 7.783/1989
- Art. 10 53
Lei n° 8.666/1993
- Art. 24 75
Lei n° 9.784/1999
- Art. 54 91
Lei n° 10.520/2002 85

M

Mandado de injunção
- Conceito 115
- Requisitos 115

CONTROLE DAS ORGANIZAÇÕES SOCIAIS | 169

| página | | página |

Mandado de segurança 110
- Aplicação 111
- Objetivo 108
Mandado de segurança coletivo
- Conceitos 113

N

Neoliberalismo
- Conceitos 32, 42
- Políticas
- - Fracasso 33
- - Objetivo 34
Norma constitucional
- Conceito 17

O

Organizações da Sociedade Civil de
Interesse Público (OSCIP)
- Associação 83
- Atuação 82
- Conceito 59, 81, 157
- Criação
- - Lei nº 9.790/1999
- - - art. 3º 81
- Qualificação
- - Obtenção 82
ver também Terceiro Setor

Organizações Sociais
- Características 64
- Conceitos 59, 61, 131, 134, 144,
157, 158
- Financiamento 132
- Lei nº 9.637/1998
- - Art. 1º 62, 64, 65, 78, 139
- - Art. 2º 62, 66, 145, 146
- - - requisitos 62
- - Art. 3º 146
- - Art. 4º 146, 148, 159
- - Art. 5º 70, 78
- - Art. 9º 137
- - Art. 12 133
- - Art. 16 149
- - Art. 18 143
- - Art. 20 160

- Lei nº 9.649/1998 59
- Princípio da moralidade 135
- Qualificação 61, 140, 149
- - Título
- - - atribuição 63, 65, 74, 139
- Termo de parceria
- - Conceitos 78, 79
- - Lei nº 9.730/1999
- - - art. 9º 77
- - - art. 14 85

P

Parcerias
- Estado (desenvolvimento) 37
- - Lei nº 11.079/2004 .... 37, 38
Privatização
- Conceito 35

R

Reclamação administrativa
- Conceito 92
Representação
- Conceito 92
Resultado
- Conceito 150
- Controle de 151
- Princípio da eficiência 152

S

Serviços públicos
- Atividades
- - Classificação 36
- - Privatização 35
- - Terceirização 35
- Classificação 46
- Conceitos 43, 46, 47
- - Brasil. [Constituição (1988)]
- - - art. 9º 51
- - - art. 175 45
- - Clássico 44
- - Critérios 45
- - Objetivo 51
- - Orgânico 51

	página		página

- Prestação de 46
- Titular 48
ver também Brasil. [Constituição (1988)]

Sociedade
- Formação 29

T

Terceirização
- Base 36

- Conceito 36

Terceiro Setor
- Conceito 59, 60
- Formação 58, 60
- Objetivo 58
- Surgimento 58

Tribunal de Contas
- Conceito 98
- Função 99

Esta obra foi composta em fontes New
Baskerville e Humnst 777, corpo 11/15 e
impressa em papel Offset 75g (miolo) e
Supremo 250g (capa) pela Gráfica e Editora
O Lutador. Belo Horizonte/MG, abril de 2007.